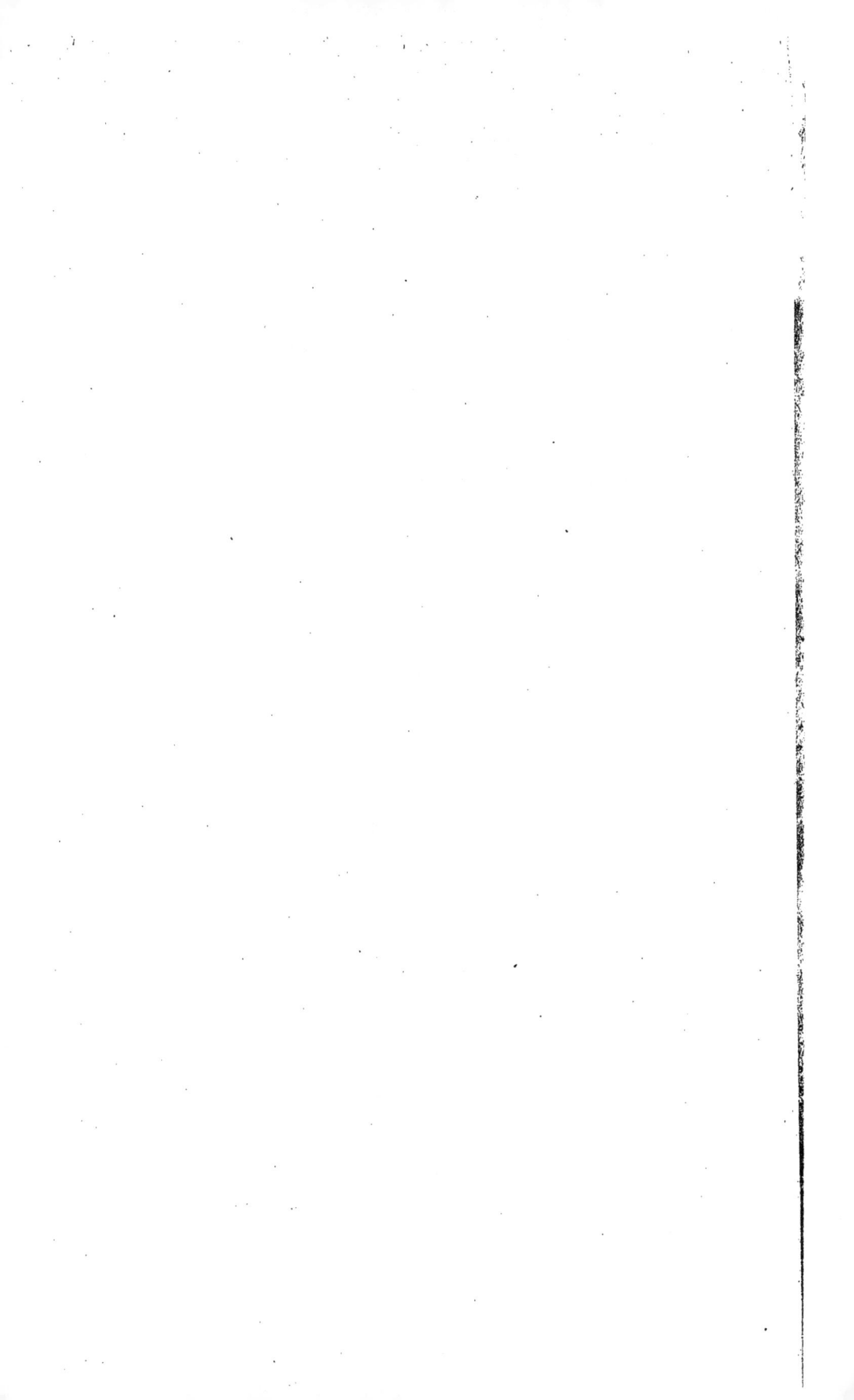

RECHERCHES

SUR

LA FAMILLE DE GRIMOARD

ET SUR

SES POSSESSIONS TERRITORIALES

AU XIVᵉ SIÈCLE

PAR

L'ABBÉ J.-H. ALBANÉS

DOCTEUR EN THÉOLOGIE ET EN DROIT CANONIQUE

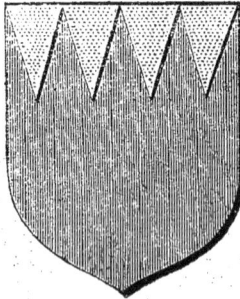

MENDE

IMPRIMERIE TYPOGRAPHIQUE DE C. PRIVAT

Successeur de J.-J.-M. et de E. IGNON

1866

FAMILLE DU PAPE URBAIN V

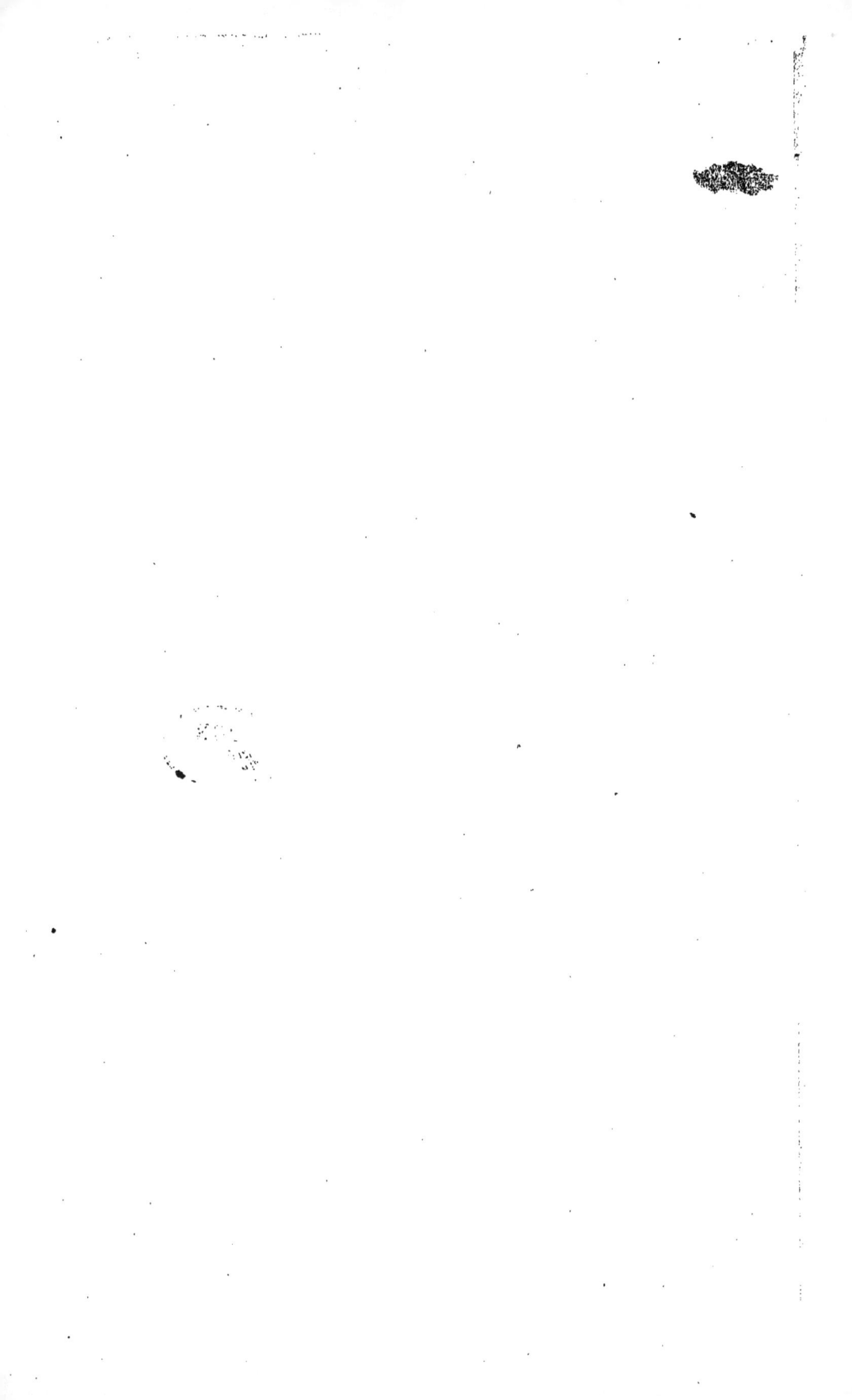

RECHERCHES

SUR

LA FAMILLE DE GRIMOARD

ET SUR

SES POSSESSIONS TERRITORIALES

AU XIVᵉ SIÈCLE

PAR

L'ABBÉ J.-H. ALBANÉS

DOCTEUR EN THÉOLOGIE ET EN DROIT CANONIQUE

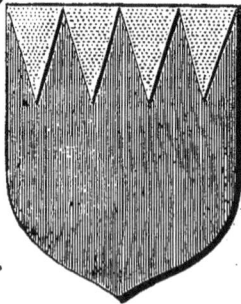

MENDE

IMPRIMERIE TYPOGRAPHIQUE DE C. PRIVAT

Successeur de J.-J.-M. et de E. IGNON

1866

Tiré à 100 exemplaires sur papier vélin
et 10 sur papier Hollande

RECHERCHES

LA FAMILLE DE GRIMOARD

ET SUR

SES POSSESSIONS TERRITORIALES AU XIVᵉ SIÈCLE

———

I

GÉNÉALOGIE

Nous ne connaissons que deux généalogies de la noble maison de Grimoard. La première se trouve à Paris, parmi les manuscrits de la Bibliothèque impériale, cabinet des titres, et consiste en un arbre généalogique remontant au grand-père d'Urbain V, et s'étendant après lui jusqu'à la quatrième génération. Nous sommes loin d'en être satisfait : bien des noms changés, des dates fausses, des personnages omis ou ajoutés, empêchent d'ajouter foi à ce document. La succession des seigneurs de Grisac y est complètement manquée ; les armes même de Grimoard, qui sont *de gueules au chef emmanché d'or de quatre pièces*, y sont ainsi travesties : *d'azur au chef emmanché d'or de trois pièces.* Nonobstant ces défauts, cette pièce est encore préférable à la suivante. Nous la citerons sous le titre de *Généalogie manuscrite*.

Le Dictionnaire de Moréri nous fournit la seconde généalogie des Grimoard, au tome V, p. 384 (édit. de 1759). Celle-ci est construite avec un luxe de détails véritablement inouï, et une érudition extraordinaire. Elle remonte au dixième siècle, onze générations avant le pape Urbain V, et se continue jusqu'à l'époque contemporaine de l'auteur. Rien n'y manque de tout ce qu'on peut souhaiter : femmes, enfants, titres féodaux, dates des testaments, des mariages, des décès, tout y est indiqué. Malheureusement tout est faux, ou du moins, tout ce qu'il nous a été donné de contrôler avec des documents certains, se trouve en contradiction avec la vérité. Ce qui nous mit d'abord en garde contre les assertions de Moréri, c'est que nous n'y rencontrions aucun des personnages dont nous constatons l'existence par des pièces authentiques, et qu'à leur place nous trouvions des noms entièrement inconnus et impossibles. Tout nous porte à croire que l'œuvre de Moréri est controuvée d'un bout à l'autre.

En dehors de ces deux généalogies, nous n'avons plus rien découvert ; les nobiliaires se taisent sur la famille de Grimoard, ou n'en parlent qu'après son union avec la maison du Roure. Ainsi privés du secours des généalogistes, nous avons cherché dans les actes de l'époque des données plus sûres, et nous essayons de reconstituer la famille d'Urbain V.

Nous ne remontons avant lui qu'au second degré. Son aïeul se nommait, non point *Maurice*, comme le dit Moréri, ni *Raymond*, comme le veut la généalogie manuscrite de la Bibliothèque impériale, mais

Guillaume de Grimoard. C'est ainsi que nous le voyons appelé dans une transaction avec le Chapitre de Mende en 1274, et dans une autre passée le 4 avril 1285 avec Bertrand de St-Privat. Il est vrai que dans ces actes, Guillaume n'est désigné que par son nom et par son titre de seigneur de Bellegarde; mais il est évident qu'il n'y a pas lieu de le confondre avec son fils, qui portait le même nom que lui, parce que celui-ci, né en 1266 ou 1267, n'avait pas, aux époques précitées, l'âge voulu pour pouvoir figurer dans des contrats. D'ailleurs une nouvelle transaction de 1335, consentie cette fois par Guillaume de Grimoard, le père du Pape, mentionne la première faite avec un autre Guillaume alors défunt, *Guillelmum Grimoardi* quondam *dominum de Bellagarda* (Arch. de la Lozère). Il n'y a donc pas de confusion possible. Nous avons l'hommage rendu par lui à Guillaume Durand l'ancien, évêque de Mende, le 1er mai 1293 *(Reg. Catalan, f. 15)*. L'époque de sa mort ne nous est pas connue, mais elle ne doit pas s'éloigner beaucoup du 20 octobre 1308, jour auquel nous voyons son fils prêter son hommage à Guillaume Durand, le neveu. *(Liasse Cévènes, n° 174)*. Guillaume I de Grimoard eut pour fils et successeur :

Guillaume ii de Grimoard, dont la naissance doit être fixée vers l'an 1266, car il mourut âgé de 100 ans à Avignon, le 16 octobre 1366, *quasi etatis sue anno centenario* (Terrier de l'Egl. d'Avignon. Arch. dép. de Vaucluse). On le trouve désigné dans les actes du temps sous le nom de Grimoard, plus souvent encore sous le nom de chevalier Grimoard, de seigneur Grimoard, ou de seigneur de Grisac, avec les titres de *domicellus, miles, vir nobilis,* et plus tard, quand son fils fut Pape, *nobilis et potens vir*, et encore *magnificus et potens dominus*. Guillaume avait épousé :

AMPHÉLISE DE MONTFERRAND. Ici les auteurs sont loin d'être d'accord. La généalogie manuscrite lui donne pour femme *Isabelle de Montferrand, des comtes de Mauguis, près de Montpellier*. Nous admettons bien Isabelle de Montferrand, car *Amphélise, Elise, Elis, Elisabeth et Isabelle* ne sont qu'un seul et même nom, mais ce que l'on ajoute ensuite n'est pas conforme à la vérité, car la mère d'Urbain V n'a rien de commun avec les anciens comtes de Mauguis et de Montferrand, et Montpellier ne fut point sa patrie.

Moréri est tombé dans une erreur plus grande encore, et il y a entraîné presque tous les historiens venus après lui. Guillaume, dit-il, épousa *Félice-Amphélise de Sabran, dame de Montferrand, fille du comte d'Arian, de la maison de Sabran en Provence, sœur de saint Elzéar de Sabran,... parente de Charles II, roi de Jérusalem et de Sicile*. Voilà ce qu'on ne cesse de répéter depuis lors; or, il n'y a pas la moindre apparence de vérité dans ce qui est ici allégué sans preuve aucune. Jamais personne n'a fait allusion à la parenté qui aurait existé entre le pape Urbain V et les rois de Sicile, laquelle certainement aurait été mentionnée et par ces princes et par le Pape lui-même dans leur correspondance. Jamais non plus aucun auteur un peu ancien n'a donné Amphélise comme la sœur de St-Elzéar, ni avancé qu'elle fût de la maison de Sabran. Tous l'appellent Amphélise de Montferrand, et Moréri est le premier, à notre connaissance, qui ait dit, Amphélise de Sabran, dame de Montferrand. Cela n'est pas et ne peut pas être, pour plusieurs raisons.

1° La maison de Sabran ne possédait parmi ses nombreux domaines aucune seigneurie de Montferrand, et les familles qui portaient ce titre dans le Gévaudan au 14me siècle, étaient distinctes des Sabran.

2° Amphélise était native du diocèse de Mende et n'avait rien de commun avec la Provence : *natus de legitimo matrimonio... scilicet domino Grimoardo Grimoardi, Mimatensis diocesis, et domina Amphelisia de Monteferrando, ejusdem diocesis.* (Procès de Canon. d'Urbain V.) Les Sabran au contraire, à cette époque surtout, vivaient en Provence et à Naples.

3° Enfin St-Elzéar n'eut jamais de sœur. Tout le monde sait qu'il était fils unique de Laudune d'Albe, et que d'un second mariage, son père Hermengaud n'eut aussi qu'un fils, Guillaume de Sabran. Toute affirmation contraire est fausse. Nous avons en effet sous les yeux le testament de St-Elzéar, daté du 18 juillet 1317 ; il y fait des legs à tous ses serviteurs ; il y nomme tous ses parents qu'il substitue l'un après l'autre à son héritage ; il y institue héritier son frère Guillaume, à défaut, son cousin germain, Elzéar de Villeneuve, fils de sa tante Sibylle ; à défaut de celui-ci, Dulceline de Sabran, dame d'Uzès, son autre tante, ou ses enfants; il parle de ses oncles, Guillaume de Sabran, abbé de St-Victor, Bertrand de Sabran, prieur de St-Genès, Rostang de Sabran, religieux dominicain, auxquels il fait des legs. Mais on chercherait en vain le nom de sa prétendue sœur Amphélise, qui était alors vivante, et de ceux que l'on dit être ses neveux. Faudra-t-il croire que St-Elzéar a un souvenir pour tous ses oncles, tantes et cousins, pour tous ses serviteurs et servantes, et qu'il a oublié sa sœur unique et ses seuls neveux?

La raison de ce silence est évidente : Amphélise n'était pas sa sœur, elle n'était pas de la famille de Sabran, mais de celle de Montferrand.

Toutefois, nous admettons sans peine, avec la plupart des auteurs, qu'il y avait une certaine parenté entre les Sabran et les Grimoard : le choix de St-Elzéar pour parrain de celui qui fut Urbain V, le zèle que ce pape déploya pour la canonisation du saint comte, enfin les noms de Guillaume, Elzéar, Delphine, que nous retrouvons dans les deux familles, tout semble l'indiquer. Nous ignorons d'où provenait cette parenté; nous supposons comme plus probable qu'il y avait eu une alliance assez récente entre les deux maisons.

Mais on sera sans doute bien aise de savoir ce qu'était Amphélise, et à quelle famille elle appartenait. Personne avant M. Roussel n'avait hasardé de conjectures à cet égard; le premier, il supposa *(Bulletin de* 1857, *p.* 18) que la mère d'Urbain V pouvait être la fille du comtor de Montferrand, que nous voyons figurer parmi les nobles de la Sénéchaussée de Beaucaire convoqués en 1304, pour la guerre de Flandres. Plus hardi que lui un autre auteur affirma sans balancer qu'elle était fille du *comte* de Montferrand qui fit en 1304 la campagne de Flandres. *(Magnan. Hist. d'Urbain V. p.* 82.) L'érection du château de Montferrand en *comté* en 1300 peut passer pour une découverte; d'ailleurs ce ne fut pas le comtor de Montferrand, mais son fils, qui partit pour cette campagne; et comme celui-ci pouvait être un jeune homme de 20 à 25 ans, Amphélise, si elle avait été sa fille, aurait dû être mariée bien avant l'âge de puberté. Tout ce qu'il y a de certain en ceci, c'est que la seigneurie de Montferrand appartenait au com-

mencement du 14me siècle à la famille de Cénaret,
qui en fit plusieurs fois hommage à l'évêque de Mende.

Amphélise aurait donc été une Cénaret de Montferrand. Nous avouons que pendant assez longtemps
nous l'avons crû, pour plusieurs motifs, dont le premier était l'autorité qu'exerçait sur nous à juste titre
l'opinion de M. Roussel. Et puis, la pensée que le père
d'Amphélise aurait été un homme de guerre, comme
son mari, nous souriait; le partage des mêmes fatigues et des mêmes dangers nous semblait avoir naturellement amené cette alliance entre deux chevaliers
du même pays. Nous ne manquions pas d'arguments
en faveur de ce système : nous avions constaté l'existence dans la maison du Pape d'un certain *Hugues,
seigneur de Montferrand*, qui fut en 1367 gouverneur
de la Romagne, et nous supposions que c'était le
même que *Hugues de Cénaret, seigneur de Montferrand*, qui nous est connu par un hommage prêté à
l'Évêque de Mende. Nous avions remarqué aussi dans
le testament de Delphine de Châteauneuf, *(Vitæ Pap.
Aven. II. 758.)* qu'une de ses tantes avait épousé un
Cénaret, et comme nous savions qu'Urbain V était
proche parent des Châteauneuf, nous pensions que
cette parenté provenait des Cénaret. Enfin, Moréri lui-
même, à qui nous ajoutions encore un peu foi, contri-
buait à nous confirmer dans notre illusion, car en nous
disant qu'Etienne de Grimoard, le frère du Pape, avait
épousé *Magdeleine de Cénaret, dame de Montferrand*,
SA COUSINE, il avançait implicitement qu'Amphélise,
mère d'Etienne, était aussi de Cénaret de Montferrand,
et en cela il contredisait, sans y faire attention, ce qu'il
venait de dire peu auparavant, qu'elle était de la famille
de Sabran.

Aujourd'hui nous convenons volontiers que cette opinion n'est qu'une supposition sans fondement. Jamais la noble famille de Cénaret n'a revendiqué l'honneur d'avoir produit un pape aussi illustre qu'Urbain V ; peut-on raisonnablement croire qu'ils eussent négligé cette illustration, si sa mère eût été de leur race? Amphélise elle-même est constamment appelée de Montferrand, jamais de Cénaret; aurait-on sans cesse omis le nom de sa famille, qui était une des plus nobles du Gévaudan? D'ailleurs, on a toujours oublié le principal : c'est de montrer qu'il y a eu dans la maison des Cénaret de Montferrand, une fille dont le nom et l'âge puissent convenir à la femme de Guillaume de Grimoard. De cela, il n'y a aucune trace dans les documents connus, par conséquent c'est une supposition gratuite, et nous osons dire une illusion. En effet nous allons trouver ailleurs Amphélise.

En dehors des Cénaret qui possédaient le château de Montferrand et en prenaient le titre, il existait à la fin du 13ᵐᵉ siècle dans la ville de la Canourgue, une autre famille noble portant le même nom, sans que nous puissions dire quels liens la rattachaient aux anciens châtelains de Montferrand. Le chef de la famille se nommait *Bérenger,* il avait le titre de *domicellus.* Il mourut vers le milieu de l'année 1293, et nous voyons ses jeunes enfants se présenter à la fin du mois de juillet devant le juge royal de Marvejols, pour demander d'être placés sous la tutelle de leur oncle Hugues Baylin, aussi damoiseau. Ils avaient moins de 25 ans, dit l'acte, quoiqu'ils en eussent plus de quatorze. (Arch. de la Lozère. Évêché; hommages part. : n° 30). Le 26 août suivant, ils comparaissaient devant

l'évèque Guillaume Durand, qui se trouvait à Banassac,
et en présence de leur curateur, lui rendaient hommage pour les biens qu'ils possédaient dans le territoire de Chanac, dont l'Eglise de Mende avait la seigneurie. C'étaient *Raymond et Elis de Montferrand*,
frère et sœur, fils du susdit Bérenger. Ils devaient
avoir aussi perdu leur mère, dont il n'est fait aucune
mention dans l'acte qui désigne leur oncle pour prendre soin de leurs personnes et pour administrer leurs
biens. Le nom de cet oncle, que l'on a lu plus haut,
nous révèle probablement le nom de famille de leur
mère, et un *Baudouin de Montferrand*, chevalier, qui
assistait à l'hommage du 26 août, était selon toute
apparence leur oncle paternel.

Si l'on nous demande pourquoi tous ces détails, nous
répondrons qu'ils servent à nous faire connaître la
famille maternelle d'Urbain V, car nous ne doutons
pas un moment que ce ne soit là sa vraie famille.
Elis de Montferrand n'est pas autre qu'Amphélise de
Montferrand, épouse de Guillaume de Grimoard et
mère du Pape. Tout concorde : nom, prénom, patrie,
noblesse, âge. Nous savons par le procès de canonisation d'Urbain V que sa mère était du Gévaudan et de
race noble, ce que nous retrouvons ici. Le nom est le
même. Les prénoms sont identiques, car il n'y a pas à
se tromper : ELIS n'est qu'un diminutif d'AMPHÉLISE,
et tous les deux dérivent d'Elisabeth. Il n'est pas éton-
nant qu'en 1293, orpheline et mineure, la fille de
Bérenger de Montferrand soit nommée familièrement
Elis, plutôt qu'*Amphélise.* Moréri a, sans le savoir,
conservé quelque trace de ceci, en la nommant *Félice-
Amphélise,* comme qui dirait *Elis ou Amphélise.* D'ail-

leurs nous ne voulons pas qu'il puisse rester la moindre incertitude sur l'identité de ces noms, et nous croyons avoir le moyen de lever tous les doutes.

Il a existé dans la famille de Grimoard une autre Amphélise, petite-fille de la première; le cardinal Anglic, dont elle était la nièce, la nomme en plusieurs endroits de son testament, et ne l'appelle jamais qu'Amphélise. Or, voici que dans un acte contemporain, antérieur même au testament, nous la trouvons citée sous le nom d'Hahélis. Nous lisons en effet dans le livre des recettes du chapitre de Mende pour l'année 1367-68 : *Item a domina Hahelis de Grisaco pro debito domini P. de Regaudo, pro quo habebat unum chapeletum de perlis pro pignore, VIII. florenos.* Que l'on cherche tant qu'on voudra, on ne trouvera à cette époque, personne à qui ce nom puisse se rapporter, si ce n'est la nièce du Cardinal, la femme de P. erre de Senhoret, dont nous aurons à parler bientôt. Mais si la seconde Amphélise a pû à son époque être appelée *Hahélis,* qui s'étonnera que la première ait été également, par l'emploi d'un diminutif, nommée *Elis?* Ajoutons, s'il le faut, que dans un acte de 1298, cité plus bas, ce nom est écrit *Hélis.* La ressemblance est trop grande entre *Elis, Hélis, Hahélis, Amphélise,* pour qu'on ne voie pas que c'est le même nom ; et nous croyons inutile d'insister d'avantage.

Nous avons parlé encore de l'identité d'âge. En 1293, Raymond et Elis de Montferrand étaient mineurs, et selon la formule employée, ils étaient entre 25 et 14 ans ; nous n'avons rien de plus précis. Elis pouvait n'avoir guère plus de 14 ans, et elle est toujours nommée après son frère, qui paraît plus âgé. Mais, quel que fût son âge, dans la limite mentionnée, quand même on donnerait 24 ans à Raymond et 23 à Elis, ce qui n'est point du tout probable, il n'en reste pas moins certain que dans tous les cas elle était moins âgée que Guillaume de Grimoard, qui en 1293 était dans sa 27me année. Voici d'ailleurs une preuve de plus de la jeunesse des orphelins de Montferrand. Le 22 août 1298, Raymond prêta hommage à Guillaume Durand, le neveu, (*Homm. part. n° 38.*) et cette fois aussi, il était assisté par Hugues Baylin, son oncle et son curateur, dont le consentement était nécessaire. Ceci prouve que Raymond de Montferrand était encore mineur en 1298, qu'en 1293 il avait moins de 20 ans, et sa jeune sœur moins que lui. Donc, en identifiant Elis avec Amphélise, mère d'Urbain V, nous ne faisons que suivre les règles de la plus exacte chronologie, et aucune objection plausible ne s'élève contre nous.

Amphélise épousa Guillaume de Grimoard dans les premières années du xivme siècle, Moréri dit en 1305. Ils eurent plusieurs enfants que, dans l'impossibilité où nous sommes de les classer par rang d'âge, nous nous contenterons de nommer successivement.

1° GUILLAUME, né en 1309 ou en 1310. Il prit l'habit de Bénédictin au prieuré de Chirac, professa avec éclat durant 20 ans le droit canonique, devint prieur du Pré, de l'ordre de Cluny, abbé de St-Germain-d'Auxerre le 13 février 1352, de St-Victor de Marseille en 1361 (de juillet à septembre), et après avoir rempli plusieurs nonciatures en Italie, il fut élu Pape après la mort d'Innocent VI, prit le nom d'URBAIN V, et fut sacré le 6 novembre 1362. Il mourut à Avignon le 19 décembre 1370, à l'âge de 61 ans. Son corps fut transporté à Marseille et enseveli dans l'Eglise de St-Victor; il y opéra de nombreux miracles et y fut honoré d'un culte public.

2° ANGLIC, et non pas Angélique, comme on l'écrit souvent. (La chronique romane de Montpellier l'appelle *Engles*, c'est-à-dire *Anglais*, traduction exacte d'*Anglicus*.) Il fut élevé dès sa première jeunesse, *à pueritia,* dans l'abbaye de St-Ruf de Valence, où il prit l'habit de chanoine régulier, qu'il portait depuis 30 ans lorsqu'il fut nommé par son frère, évêque d'Avignon le 12 décembre 1362. Il était alors prieur de Die. D'après ces données, nous sommes autorisés à penser qu'il avait au plus 45 ans à cette époque, et que sa naissance eut lieu vers l'année 1320. Il fut fait cardinal le 18 septembre 1366, évêque d'Albano en septembre 1367, et devint vicaire du Pape à Bologne. Il survécut 18 ans à Urbain V, fit son testament le 11 avril 1388, mourut le 14 (Chron. romane), et fut enseveli dans l'Eglise de St-Ruf de Valence.

3° ETIENNE. Longtemps nous avons douté de l'existence de ce personnage, dont nos documents ne parlaient pas. Nous avons enfin trouvé dans le livre des comptes du chapitre de Mende pour l'année 1366, que le vieux Guillaume de Grimoard avait légué une somme pour la fondation d'un anniversaire *pro domino nobili St. de Grisaco, domicello.* Ces simples initiales suffisent à constater qu'il a réellement existé, qu'il était fils de Guillaume, et qu'il mourut avant son père. C'est le seul acte où nous le trouvions mentionné. Etienne ne laissa point de descendance mâle. Il est vrai que les actes du Congrès archéologique tenu à Mende en 1857 disent, p. 81, que l'opinion que nous

émettons est sans fondement, et que l'Histoire de
Montpellier par Aigrefeuille parle d'un fils d'Etienne;
mais toutes nos recherches dans l'ouvrage indiqué
n'ont pu nous faire retrouver aucune trace de ce fils,
et comme l'héritage des Grimoard fut recueilli par la
branche féminine, nous maintenons qu'Etienne ne
laissa point d'enfant mâle. Moréri lui en donne bien
deux; mais le premier n'est qu'un fils de sa fille Amphélise (voir ci-dessous), et le second, qu'il nomme
*François, évêque de Mende, puis archevêque d'Avi-
gnon et cardinal*, est un être purement imaginaire,
qui certainement n'a jamais existé.

4° DELPHINE. D'après Moréri, elle fut mariée au
baron de Rocheblave; d'après la généalogie manuscrite, elle épousa Guillaume de Montaut : c'est cette
affirmation qui est la vraie. Nous avons trouvé en effet
une bulle adressée par Urbain V, le 3 avril 1367, à
*Raymond de Montaut, son neveu, fils de feu Guillaume
de Montaut*, damoiseau, du diocèse d'Uzès : le Pape
lui remet tout l'héritage des Grimoard, vacant depuis
quelques mois par la mort de son père. Delphine vivait
encore le 11 avril 1388, jour où son frère le cardinal
Anglic faisait son testament; elle était alors religieuse
au monastère de St-Laurent d'Avignon.

5° ISABELLE. Nous ne la connaissons que par le testament du Cardinal, et nous ignorons pour quel
motif, tandis qu'il nomme la précédente *Delphine
de Grimoard*, il désigne celle-ci sous le nom d'*Isabelle
de Sinzellis*. Serait-ce un nom de mari? Isabelle
n'aurait-elle été qu'une belle-sœur? Pourtant le Cardinal
l'appelle sa sœur comme la première, et lui lègue,
comme à elle, une pension.

6° Herminsende, ou Hermenarde, morte sans enfants. Ainsi s'exprime la généalogie manuscrite; nous
n'avons rien trouvé qui confirme ou qui infirme
cette assertion.

On sera peut-être surpris de voir que nous ne
comprenons pas parmi les enfants de Guillaume et
d'Amphélise *Maurice de Grimoard*, qui est mentionné dans Moréri, et qui d'après lui a formé une
branche, devenue la famille du Roure. La raison en est
que Moréri paraît s'être complètement trompé, et
avoir soudé à la famille de Grimoard une famille qui
lui est étrangère. Quel n'a pas été notre étonnement
quand nous nous sommes assuré en étudiant la généalogie des *du Roure*, que Moréri fait descendre de
Guillaume de Grimoard, une famille qui n'en descend
pas, et lui donne pour fils le fils d'un autre? En effet,
celui qu'il appelle *Maurice de Grimoard*, fils de
Guillaume, est tout simplement *Maurice du Roure*,
fils de Guy du Roure, et les quatre générations qui
viennent après lui n'ont rien de commun avec les
Grimoard. Ce n'est qu'à la cinquième, que l'alliance
de Guillaume de Beauvoir du Roure avec Urbaine de
Grimoard, confondit les deux familles et les deux
noms, qui auparavant étaient bien distincts. Pour
convaincre plus facilement nos lecteurs, nous met-
tons sous leurs yeux, d'un côté la prétendue seconde
branche des Grimoard, d'après Moréri, de l'autre
une partie de la généalogie des Beauvoir du Roure,
empruntée aux Documents historiques sur le Gévaudan, par M. de Burdin, tome 2, page 301.

19

Moréri.	M. de Burdin.
Guillaume de Grimoard, épousa l'an 1305 Félice-Amphélise de Sabran... dont il eut	Guy de Beauvoir, seigneur du Roure, fit son testament en 1383. Ses enfants furent...
Maurice de Grimoard, épousa l'an 1332 Aymarde de Poitiers, dont il eut...	Maurice de Beauvoir, chev. seigneur du Roure, épousa en 1375 Aigline de Naves, dont il eut...
Armand de Grimoard, épousa en 1369 Antoinette de Villates.. Il eut de son mariage Guillaume, et fit son testament l'an 1400.	Armand de Beauvoir, chev. seigneur du Roure, épousa Catherine de Villates, dont il n'eut qu'un fils Guillaume qui suit. Il testa en 1400.
Guillaume de Grimoard, épousa Smarade de Beaumont, dont il eut	Guillaume de Beauvoir, chev. seig. du Roure, avait épousé Maragde de Beaumont, dont
Guigon de Grimoard, épousa l'an 1438 Antoinette de Gardies, fit son testament l'an 1449, et eut	Guy de Beauvoir, chev. seig. du Roure, testa en 1449; il avait épousé Antoinette de Gardies, dont
Guillaume de Grimoard... épousa l'an 1478 Urbaine de Grimoard sa cousine.	Guillaume de Beauvoir, chev. seig. du Roure, épousa Urbaine de Grimoard.. laquelle Urbaine héritière de son nom, le

transmit, ainsi que les biens de sa maison, à la postérité de son mari. Depuis cette époque et non avant, les Beauvoir du Roure ont fait précéder leur nom de celui de Grimoard, et les deux maisons se sont trouvées confondues, ce qui les a fait souvent confondre par les généalogistes pour les temps antérieurs à cette alliance ».

On peut vérifier l'exactitude de ces observations, en examinant l'acte de mariage de Guigne de Beauvoir du Roure, nommé ci-dessus, avec Antoinette de Gardies, lequel a été publié dans le Bulletin de la Société de Mende, tome XVII, 2ᵉ partie, p. 36. L'époux y est appelé *noble homme Guigue de Beauvoir, damoiseau, seigneur du château du Roure, et coseigneur des châteaux de la Garde-Guérin et de Plan-Champ*. Voilà ses noms et ses titres : on y cherche en vain le nom de Grimoard, et leurs propriétés. On remarquera que ce mariage eut lieu le 25 juin 1426, tandis que Moréri le met en 1438.

C'est donc avec raison que nous excluons *Maurice* du nombre des frères d'Urbain V. Jusqu'à ce que des titres authentiques viennent établir que Guillaume de Grimoard eut un fils nommé *Maurice*, nous récuserons le témoignage de Moréri, et nous regarderons ce personnage comme appartenant à la famille du Roure.

Revenons maintenant aux vrais Grimoard et poursuivons la descendance.

Guillaume, le père d'Urbain V, mourut à Avignon le 16 octobre 1366, et de là il fut transporté à Bédouès, dans l'église de Notre-Dame, nouvellement construite et érigée en collégiale. Il eut pour héritier dans sa seigneurie de Grisac, son petit-fils

RAYMOND DE MONTAUT, fils de Guillaume de Montaut et de Delphine de Grimoard. Nous donnons aux pièces justificatives la bulle du Pape qui lui attribue tous les droits qui lui reviennent sur les biens des Grimoard, à condition qu'il prendra le nom et les armes de la famille. La première vie éditée par Baluze nous assure qu'il était le seul neveu d'Urbain V, *nepotem suum unicum,* et jusqu'à présent il n'y en a aucun autre de connu. Il épousa la fille d'un marchand de Montpellier, dont le prénom seul, *Jacquette,* est venu jusqu'à nous. (Test. du Card. Anglic.) Raymond ne survécut pas longtemps à son aïeul et au pape son oncle; il fit son testament le 7 avril 1373, devant Pons de Montclar, notaire du diocèse d'Uzès, et un codicille le 16 mai 1374, notaire Pierre Bordier. Il mourut avant la fin de l'année 1375, et fut enseveli dans l'église de N. D. de Bédouès; car le 6 décembre le chapitre de Mende payait les dépenses de ceux qu'il avait envoyés à Bédouès, pour assister à ses obsèques. (Liber compotorum. f. 163.) Raymond n'ayant point laissé de descendance, l'héritage passa à

GRIMOARD DE GRIMOARD, ou de Senhoret. Amphélise de Grimoard, fille d'Etienne, avait épousé avant 1365 *Pierre de Senhoret,* seigneur de la Roche Ste-Marguerite, au diocèse de Rodez. Elle en eut trois fils, Grimoard, Urbain, et Jean. Urbain fut Prévôt du chapitre de Mende; Grimoard recueillit les biens de la famille, par suite du testament de son grand-oncle le cardinal. Il obtint de Charles VI et de Charles VII le renouvellement du privilège que le roi Jean avait accordé à son bisaïeul; par là nous apprenons qu'il vivait encore en février 1426, date de la lettre de Charles VII. Il fut donc seigneur de Grisac, au moins durant 50 ans. Après lui nous trouvons

ANTOINE DE GRIMOARD, ou de Senhoret, cité dans un acte du 8 septembre 1452. (*Biblioth. imp. Cab. des titres*.) Il y est nommé explicitement Antoine de Grimoard ou de Senhoret , seigneur de Grisac et baron de Verfeuil, ce qui démontre qu'il était fils ou petit-fils du précédent. D'après les dates, c'est à lui que furent accordées les lettres de Louis XI et de Charles VIII, qui en 1462 et en 1484, confirmèrent celles de leurs prédécesseurs.

URBAINE DE GRIMOARD , fille unique et héritière d'Antoine, obtint en 1499, de Louis XII, la confirmation des franchises accordées à ses ancêtres. Elle épousa *Guillaume du Roure*, à qui elle porta les biens de sa famille, dont elle était la dernière descendante, son nom et ses armes. Depuis lors la maison du Roure prit le nom de Grimoard du Roure, eut la seigneurie de Grisac, et associa dans ses armoiries, celles de Grimoard, du Roure, et de Beauvoir.

Ainsi la descendance masculine directe des Grimoard a cessé à l'époque même d'Urbain V et du cardinal , son frère. La seigneurie de Grisac et de ses dépendances a passé par des alliances successives : 1° à la famille de Montaut, en 1366; 2° à la famille de Senhoret, en 1375 ; 3° à la famille du Roure, à la fin du 15me siècle. Et comme les héritiers prirent l'un après l'autre le nom de Grimoard, il en est résulté une certaine confusion que nous avons eu de la peine à débrouiller.

Nous ajoutons ici, comme complément naturel de ces recherches, quelques notes sur divers personnages de la famille d'Urbain V, que nous n'avons pu relier à la généalogie, et que nous sommes contraints d'indiquer séparément.

1° PIERRE DE GRIMOARD. Nous le trouvons mentionné dans Duchêne, *Histoire des Cardinaux français*, tome 2, p. 407. Pierre, dit-il, était damoiseau, fils et héritier de Grimoard de Chasens, mort en 1315, le jeudi après Quasimodo. (*Ex registro veteri Parlamenti ann. 1312. 1313, quæ ad criminalia pertinent.*) C'est tout ce que nous en savons.

2° ANGLIC DE GRIMOARD. Anglic était moine Bénédictin. Le 30 juin 1316, étant aumônier du monastère de St-Tibéry, diocèse d'Agde, il assistait à Lyon au testament de Raymond Gaucelin, seigneur d'Uzès, de la maison de Sabran. (*Hist. du Lang.* IV. 97.) Plus tard, il devint prieur de Chirac, et il était présent à Marseille, au chapitre général de St-Victor du 12 mars 1337, et à celui du 11 novembre 1343 ; à chaque fois, il est nommé le premier parmi les prieurs. On croit généralement qu'il était frère de Guillaume, père d'Urbain V, ce que nous admettons volontiers, sans en avoir pourtant des preuves positives. Mais nous ne pouvons ne pas remarquer que le Pape avait précisément choisi le monastère de Chirac pour y prendre l'habit monastique, et que son frère le cardinal portait le même prénom d'Anglic, sans doute en mémoire de l'autre.

3° ELZÉAR DE GRIMOARD, quelquefois appelé *Hélisaire*, ce qui revient au même. Elzéar était prieur de Bompas lorsqu'il fut fait général des Chartreux, en 1360 ; il mourut en 1367. D'après certains auteurs, il aurait été le neveu d'Urbain V ; d'après d'autres,

il était son oncle. Baluze a embrassé ce dernier senti-
ment (*Vitæ Pap. Av.* I. 995), et nous avouons que
c'est aussi le nôtre, malgré la chronique de Kalcar,
éditée par D. Martène (*Vet. Mon.* VI. 193), qui le dit
neveu du cardinal Anglic. Il faudrait, dans ce cas,
supposer qu'il était extrêmement jeune, ce que nous
croirions difficilement. Et puis, de qui serait-il fils?
Moréri le fait naître de Maurice de Grimoard; mais
nous pensons avoir démontré qu'il fallait retrancher
de la famille d'Urbain V ce personnage, qui est en
réalité Maurice du Roure. Quel serait donc le père
d'Elzéar ? En attendant les preuves du contraire,
nous sommes d'avis qu'il était oncle du pape.

4° GUILLAUME DE GRISAC. Ce Guillaume était dans
la maison d'Anglic de Grimoard, évêque d'Avignon, en
1365 et 1366; plus tard, celui-ci devenu cardinal et
légat à Bologne, lui donna le gouvernement de la ville
de Todi. Nous avons deux bulles qu'Urbain V lui
adressa le 25 juin 1368 et le 28 février 1370, où il
l'appelle chevalier, et atteste qu'il était du diocèse de
Mende. L'Empereur Charles IV étant venu en Italie lui
fit don du château de Bourg-St-Sépulcre en Toscane; et
quand, en 1371, le cardinal Anglic fut sur le point de
retourner à Avignon, il obtint de Grégoire XI pour
Guillaume, qui sans doute allait revenir avec lui, la
permission de vendre ce château. Tout cela ne per-
met guère de douter que celui-ci ne fût un de ses
proches parents, et le don de l'Empereur paraît bien
avoir eu pour but d'être agréable au Pape, en favo-
risant un des siens. D'ailleurs le nom qu'il porte l'in-
dique assez. Ce qu'était Guillaume, nous ne saurions

le dire au juste; mais nous soupçonnons qu'il était cousin-germain du Pape et du Cardinal.

5° HUGUES DE MONTFERRAND. Hugues était évidemment de la famille de la mère d'Urbain V. Il était du diocèse de Mende , chevalier, et familier du Pape , *familiari nostro*. Pour ses frais de premier établissement à la cour d'Avignon, celui-ci lui donna 400 florins d'or; chaque année depuis 1362, il recevait 300 florins ; dans un voyage à St-Jacques-de-Compostelle, il s'en fit avancer 190 par le nonce apostolique, et durant l'été de 1367, il en eut encore 200, probablement à l'occasion du départ pour l'Italie. Tout ceci résulte d'une bulle du 8 novembre 1367. Le 25 du même mois, une autre bulle le créa Recteur de la Romagne, avec plein pouvoir de nommer et changer à son gré les gouverneurs des villes et des châteaux, et de disposer des troupes selon qu'il le jugerait utile. Sa parenté avec Urbain V ne me paraît pas douteuse ; peut-être était-il fils de Raymond , frère d'Amphélise.

6° BERNARD DE CHATEAUNEUF. Le texte de la première vie d'Urbain V nous apprend que Bernard était parent du Pape, *nepotem ex consanguineo germano*, ce qui nous semble signifier fils de cousin-germain. Nous ne savons ce qui a autorisé les auteurs de la *Gallia Christiana* à l'appeler Bernard *de Castelnau*, et à dire qu'il était de la famille de Castelnau, au diocèse d'Agde. Il y a bien plus d'apparence qu'il appartenait aux Châteauneuf du Gévaudan. Bernard était savant, et avait le grade de Docteur en droit. Il appartenait à l'ordre de St-Benoît, et était Abbé d'Aniane quand

Urbain V le fit évêque de St-Papoul (et non de St-Paul-trois-Châteaux). Il assista le 5 juin 1372 à la translation des reliques du Pape à St-Victor, mourut en 1375, et fut enseveli dans l'église de St-Germain de Montpellier. Il resterait à préciser l'alliance qui eut lieu entre les Grimoard et les Châteauneuf.

7° BERNARD DE SAINT-ETIENNE. C'était l'homme de confiance d'Urbain V, qui l'employa dans une infinité d'affaires concernant St-Victor de Marseille, St-Germain de Montpellier, l'Église de Mende, dont il était un des vicaires généraux, quand le pape la faisait gouverner en son nom, etc. Il résidait ordinairement à sa cour, et avait le titre de son secrétaire et de notaire apostolique ; mais nous le trouvons fréquemment à Marseille, et c'était un ami de la ville. Grégoire XI le fit Évêque d'Uzès, après la mort d'Urbain V, dont il accompagna le corps à St-Victor le 5 juin 1372. Ce sont les délibérations de la commune de Marseille qui nous apprennent que Bernard était parent des Grimoard : *Ven. vir dominus Bernardus de sancto Stephano* AFFINIS *domini nostri pape noviter venit ad hanc civitatem.* (14 janv. 1363.) Nous laissons aux érudits du Gévaudan le soin de constater l'alliance qui a pû exister entre les Grimoard de Grisac et la famille de Saint-Etienne.

8° PONS DE ENSERIA. Le procès-verbal de canonisation d'Urbain V atteste que ce saint personnage peu connu était son parent : *Pontius de Enseria* , EJUS CONSANGUINEUS, *qui, ut dicitur, miraculis claruit in vita et post mortem.* Une chronique éditée par Martène, *(Vet. Mon. VI. 189)*, dit que le Pape eut la pensée de

le canoniser, à cause de sa sainteté et de ses miracles :
*Domnus Pontius, Decretorum Doctor egregius, quem
D. Papa Urbanus canonizare volebat.*

9° Le cardinal PIERRE BLAVI, dit *de Rocheblave.*
Nous ne connaissons dans l'histoire de l'Église aucun
cardinal de Rocheblave , quoiqu'en disè Moréri.
D'après lui, et d'après M. Magnan aussi, Delphine de
Grimoard aurait épousé le baron de Rocheblave ; le
cardinal en question aurait été leur fils. Comme nous
avons prouvé que Delphine épousa Guillaume de
Montaut, il s'ensuit qu'elle n'a pû être mère du
cardinal, à moins qu'on ne suppose un second mariage dont il n'y a pas de trace. Reste Pierre Blavi, qui
fut créé par Benoît XIII en 1396 cardinal diacre de
St-Ange, assista au concile de Pise, mourut à Avignon
en 1409, et fut enseveli dans le monastère de St-André,
près de Villeneuve. Ce Cardinal , savant canoniste,
était en effet du Gévaudan, comme nous l'apprend
son épitaphe, et proche parent d'Urbain V, *de propin-
quo genere felicis record. Urbani pape V.* L'époque
où il vivait nous dissuade de penser que ce fût un
neveu du pape ; de préférence nous le croyons un petit-
neveu, ou un cousin. Y eut-il réellement une alliance
entre les Grimoard et les Rocheblave, et le cardinal
appelé simplement *Blavi* était-il de cette famille ? Nous
l'ignorons. Les noms ont une certaine similitude, mais
il est sûr que le prélat avait des armes différentes,
c'est-à-dire, *de gueule au lion d'argent,* tandis que
l'écu de Rocheblave portait *trois Rocs d'échiquier d'or,
sur champ d'azur.*

10° PIERRE, évêque de Mende, puis d'Avignon. Presque tous les auteurs s'accordent à dire que Pierre

Gérard, *neveu d'Urbain V*, fut transféré de l'évêché de Mende à celui d'Avignon en 1368. Nous croyons qu'il y a là deux erreurs : d'abord, il ne peut être question d'un neveu du Pape, qui n'en avait aucun de ce nom, ni d'un autre, si ce n'est Raymond de Montaut , *nepotem suum unicum ;* ensuite le nom de Pierre Gérard que l'on donne à cet évêque n'est fondé sur aucun document. On ne le voit nulle part appelé de la sorte, et il est certain qu'il est différent du seul Pierre Gérard connu, lequel de Prévôt de la cathédrale de Marseille, fut fait évêque de Lodève et du Puy, et Cardinal. Nous présumons que celui dont nous parlons était un Pierre d'Aigrefeuille, et nous laissons à M. André le soin de l'établir solidement, en rectifiant la chronologie des évêques de Mende complètement bouleversée à cette époque, même dans la *Gallia Christiana.* Nous concevons, dans ce cas, qu'on ait cru Pierre parent d'Urbain V, car depuis le mariage de Flore d'Aigrefeuille avec un seigneur de Montferrand, attesté par une bulle du 5 novembre 1367, la parenté s'était établie entre les deux familles. Nous ne croyons pas nécessaire, après cela, de réfuter le P. Frizon qui nomme cet évêque Pierre Grimoard, *Petrum Grimoaldum nepotem* (*Gallia purp.* 382). C'est là un personnage inconnu.

Nous terminons ici nos notes, avec le regret de les donner si incomplètes, et la crainte de ne pas contenter nos lecteurs. Nous espérons toutefois qu'elles aideront à éclaircir une matière si obscure et si peu étudiée, et qu'elles encourageront quelqu'un de plus habile à produire des renseignements nouveaux.

II

POSSESSIONS TERRITORIALES.

Baluze est d'avis que les Grimoard sont originaires du Limousin, et il semble avoir démontré par des chartes authentiques l'existence dans cette province, au 12ᵐᵉ siècle, d'une famille de ce nom, qui était une branche de la maison de Ségur. (Vitæ Pap. Aven. I. 974.) Nous devons dire, sans combattre l'opinion de l'érudit écrivain, que ce dernier nom n'apparait nulle part dans les actes qui concernent la famille du pape Urbain V.

Quoiqu'il en soit, il n'est pas facile de préciser l'époque à laquelle les Grimoard s'établirent dans le Gévaudan, s'ils y sont venus d'ailleurs, et quelles furent les premières propriétés qu'ils y acquirent. A en croire Moréri, (t. V. p. 384.) DÈS LE 10ᵐᵉ SIÈCLE, *Grimoard, premier du nom, était seigneur du château de Beauvoir, en Gévaudan, d'où dépendait et dépend encore la plaine de Montbel. Il épousa Gertrude, dame du Roure et de ses dépendances,* qui dès lors appartinrent à ses descendants. Nous voudrions bien pouvoir commencer à une date aussi reculée, l'histoire des possessions territoriales de cette famille; mais tout semble prouver que Moréri, ici encore, a puisé dans son imagination les détails qu'il nous donne. Les Grimoard n'ont jamais possédé Beauvoir, ni le Roure, ni ses dépendances, et s'ils ont eu Montbel, nous verrons bientôt qu'ils l'ont acquis au 14ᵉ siècle. D'ailleurs ce n'est pas dans le Nord du département de la Lozère qu'il nous faut chercher leur établissement, mais du côté opposé, c'est-à-dire, au Sud-Est, sur la lisière du Gard.

C'est là en effet que nous les trouvons fixés vers la fin du 13ᵐᵉ siècle, et au delà de cette époque les titres nous font défaut. Les plus anciens de ceux que nous avons recueillis, nous les montrent possédant des terres et des droits divers dans cette partie extrême du Gévaudan. En 1274, un accord intervint entre Guillaume de Grimoard et l'Eglise de Mende, qui lui reconnut le droit de justice criminelle sur la terre de la Rouvière et autres, de la paroisse de Cassaignas. En 1285, un autre acte nous apprend que Guillaume était seigneur de Bellegarde, que sa juridiction s'étendait sur les paroisses de St-Privat-de-Vallongue et de St-André-de-Lancize, et qu'il y avait pour vassaux des nobles. Nous y voyons Bertrand de S. Privat se reconnaître comme son vassal et son justiciable ; Guillaume a le haut domaine, et exercera seul la haute justice dans toutes les terres qui appartiennent à Bertrand, à sa mère et à sa femme ; la moyenne justice est partagée entr'eux ; seule, la justice civile est laissée en entier au feudataire.

L'étendue de cette juridiction donna lieu, vers ce temps-là, à une transaction, que nous n'avons pas, avec le Chapitre de Mende, pour les terres de Soubeiran et d'Ansisole. Quelques années plus tard, en 1334, de nouvelles contestations s'élevèrent ; car Jean de Paravisol et Bernard de S. Privat ayant reconnu à l'Eglise de Mende des possessions qui dépendaient de Bellegarde, le successeur de Guillaume I, le chevalier Grimoard, se leva pour soutenir ses droits, et présenta une réclamation que nous croirions volontiers rédigée par son fils, le futur Pape, qui déjà avait fait une étude approfondie du droit. L'Eglise, disait-il, ne doit pas hériter du bien des autres, et je demande que justice me soit faite, après qu'une enquête sérieuse aura démontré la bonté de ma cause.

Dans l'impossibilité où nous sommes de reproduire ce long procès, nous ne pouvons résister au désir de citer la requête que Guillaume exhiba à l'official des Cévennes, pour désigner les terres en litige ; elle nous semble curieuse pour la langue vulgaire en laquelle elle est écrite, non moins que pour les noms de lieux qu'elle nous fait connaître.

Ayso son las chausas que a prezas Johan de Paravissol aras de novel, de mossenhor de Memde.

Premeyramen *l'ostal del Chastanhier,* am lo prat et am lo larr, et confronto si am las terras dels homes del Rouer, daus doas parts, et am lo cerre de Peyra ficha.

Item la faysa appellada *al fleys,* confronta si dau doas parts am las terras dels homes del Rouer, et am lo cerre de Lanciza.

Item una faysa appellada *a las passas,* e confronta si am las terras de Vidal Ebrart, et am las terras de Ber. Rey, e de Peyre Saltet.

Item una pessa de terra appellada *de Agneleyra,* e confronta si am las terras dels homes del Rouer, et am las terras de Raymon Boyer e de sos pariers.

Item una faysa appellada *Algua,* e confronta si am las terras de St. Bonafos, et am las terras de St. Filhol.

Item una faysa appellada *Alga*, e confronta si am las terras dels homes del Rouer dau doas parts, et am lo cerre de las pansas, et am lo flom de Mimelta.

Item una faysa appellada *al pomayret*, et confronta si am las terras dels homes del Rouer dau doas parts, et am lo serre de Batalha Roynari.

Item una faysa appellada *de roca vehs,* e confronta si am lo de Baloaca.

Item *lo terrador de Fraycenet e de Maganha.* Item aquo que ilh avy am Meranilhat.

Item *lo mas de Lamberota,* e'l mas *de Brianso.* Item lo mas *de Vallonga.*

L'enquête se fit sur ces bases, et les témoins cités au nombre de douze, parmi lesquels un vieillard de sept-vingts ans, établirent les droits du seigneur Grimoard. Ils affirmèrent que les terres contestées étaient comprises dans le district de Bellegarde, qui s'étendait, d'après l'un d'eux, jusqu'aux châteaux de Dèzes, de Verfeuil, de Calberte, de Monjoy et de Chavanon. Tous étaient d'accord que Guillaume et ses prédécesseurs y avaient eu la juridiction, ou que du moins ils y avaient toujours exercé seuls la haute justice, sans réclamation de personne; plusieurs se souvenaient d'avoir vû dresser par son ordre les fourches patibulaires au lieu nommé Chamblanc, pour y pendre un criminel. Un témoin alla jusqu'à dire que le Seigneur de Bellegarde avait, selon l'opinion commune, la terre la plus franche de toute la contrée, *quod dictus nobilis habet terram magis francam quam aliquis alius in partibus illis.*

Ces hommes déposaient sur ce qu'ils avaient vu

depuis cinquante, septante, et même cent ans; et ceci nous donne l'occasion d'éclaircir un peu un point resté obscur. Nous n'avons point d'acte qui mentionne les Grimoard et leurs possessions en Gévaudan, avant 1274; il parait pourtant résulter du procès-verbal que nous venons d'analyser qu'ils y étaient, et qu'ils y avaient des propriétés bien avant cette date. En effet partout, dans les interrogations du juge, dans les réponses des témoins, comme dans la requête du demandeur, il est question de ce qu'avaient fait avant lui *ses prédécesseurs;* et toujours l'on répond que ses prédécesseurs avaient été Seigneurs des lieux contestés. Et comme on pourrait peut-être croire qu'il s'agit ici seulement de ceux qui avant les Grimoard avaient possédé ces terres, nous pouvons assurer que pas un mot, dans toute la procédure, ne donne à entendre qu'ils eussent acquis leur seigneurie de quelqu'un autre à qui ils auraient été substitués, et dont ils auraient revendiqué les droits. Nous sommes donc amenés par le sens naturel des termes employés, à voir dans ces *predecessores, antecessores,* les ancêtres de Guillaume II, et à conclure que plusieurs générations de Grimoard avaient déjà possédé le château de Bellegarde.

D'où pouvaient être venues à cette famille les nombreuses possessions qu'elle avait aux confins des diocèses de Mende et d'Uzès, ou si l'on veut, des départements de la Lozère et du Gard? En attendant que quelque découverte d'anciens titres vienne jeter du jour là-dessus, nous nous permettrons d'observer que la seigneurie d'Uzès, qui comprenait de vastes domaines, avait été divisée avant cette époque en un grand nombre de portions ; peut-être que le château de Bellegarde et ses dépendances en étaient un démembrement. Nous avons toujours crû à une alliance des Grimoard avec les seigneurs d'Uzès, dont les Sabran, leurs parents, faisaient partie. Si l'on pouvait découvrir le nom de la mère, ou de la femme de Guillaume I de Grimoard, peut-être que tout ceci s'éclaircirait, et que l'on aurait l'explication et de leur parenté avec S. Elzéar, et de l'origine de leur apanage.

Les Seigneurs de Bellegarde firent de grands efforts pour maintenir l'intégrité de leurs possessions ; le soin avec lequel nous les voyons défendre leurs droits , même vis-à-vis de l'Evêque de Mende, nous fait comprendre combien ils étaient jaloux de leur autorité. Nous connaissons plusieurs transactions intervenues entr'eux; toujours les Grimoard préfèrent céder la justice civile, ou basse justice, avec ses produits, pour se réserver la haute justice, avec ses honneurs et ses prérogatives. Plusieurs acquisitions importantes vinrent accroître l'étendue de leurs domaines. Le seigneur de Randon leur vendit les terres de Montbel et de Gros-Viala, que nous verrons bientôt figurer parmi leurs fiefs nobles : et bien que la date de cette acquisition ne soit pas exprimée , en voyant que la vente est faite à Grimoard, seigneur de Grisac, *Grimoardo dno de Grisaco,* (Reg. Castelnau, f. 30.) nous n'avons pas à craindre de nous tromper. Il n'y a que le père du pape Urbain V qui ait été appelé de la sorte, et il est le premier qui ait pris le titre de seigneur de Grisac ; l'achat de Montbel et de Gros-Viala est donc certainement de la première moitié du 14me siècle. Et en effet, dès 1322, le seigneur de Grimoard était feudataire du

seigneur de Randon. (Arch. dép. de la Lozère. Randon
n° 24). Gros-Viala était alors de la paroisse de Chasse-
radès.

Il serait trop difficile de vouloir suivre les dévelop-
pements successifs de cette seigneurie, parce que les
titres qui les constatent sont trop nombreux pour que
nous puissions les retrouver tous. Une circonstance
particulière vient ajouter à cette difficulté.

La famille de Grimoard était en même temps feudataire de l'Evêque de Mende, comte du Gévaudan,
et du vicomte de Polignac. Nous avons les hommages
rendus par Guillaume I de Grimoard à l'évêque Guillaume Durand, le 1ᵉʳ mai 1293, par Guillaume II de
Grimoard, au second Guillaume Durand, le 20 octobre
1308, et par le même à Albert Lordet, le 10 novembre
1344. Les fiefs mentionnés dans ces actes, et dans
les transactions que nous avons citées, étaient situés
dans les paroisses de St-Privat-de-Vallongue, de St-
Pierre-de-Cassaignas, de St-Hilaire-de-Lavit et de St-
André-de-Lancize. On y voit nommées les terres de
la Rouvière, Fonmari, les Levenches, Teissonière, Sam-
bujet, Brians, Blasinenque, Pise, le Fossat, Sou-
beyran, Ansisole, le Rouve, Vieux-Joux, Belvezer,
Romegeire. Mais si les hommages rendus aux évêques
de Mende nous font connaître quelles étaient les possessions domaniales que les Grimoard tenaient sous
eux, ceux qui ont dû être prêtés aux seigneurs de
Polignac nous font défaut, et par suite nous ne pouvons indiquer la partie de leurs biens qui relevaient
de ceux-ci.

Il n'en est pas moins certain que les Grimoard
étaient comptés au nombre des vassaux de cette puis-

sante famille : nous n'en voulons pour preuve qu'une
bulle que nous avons copiée dans le Regeste d'Urbain V.
Le 16 novembre 1364, Arnaud, vicomte de Polignac,
ayant à se rendre à la cour de France, vint demander
au Pontife de le recommander au roi Charles V. Le
Pape lui remit une lettre pour le Roi, et une autre
pour Jean de Dormans, évêque de Beauvais, chancelier
de France, dans lesquelles il donne pour motif de
l'intérêt qu'il lui porte, *que son père Guillaume de
Grimoard tient de ce Seigneur sa terre en fief pour
la majeure partie.* Comme cette lettre, d'ailleurs fort
courte, est peu connue, et que nous l'avons transcrite
sur l'original, nous croyons devoir l'insérer ici :

Carissimo in Christo filio Carolo, regi Francie illustri,
Salutem, etc. Cum dilectus filius, nobilis vir, Arnau-
dus, vicecomes Podompniaci, miles Mimaten. dioc.,
vassallus tuus, a quo dilectus filius nobilis vir Guil-
lelmus de Grisaco, miles dicte dioc., genitor noster,
pro majori parte terram suam tenet, pro certis suis
negotiis ad tuam presentiam dirigat personaliter
gressus suos, Serenitatem tuam affectuose rogamus,
quatenus eumdem vicecomitem in suis agendis, nostri
consideratione, habeas regiis benignitati ac favoribus
in justitia commendatum. Datum Avinione, XVI kal.
Decembris anno tertio.
Eodem modo venerabili fratri Joanni, epo Belvacen.,
mutatis mutandis.

(Reg. Urb. V. Secret. An III. f. 4. v°.)»

Nous ignorons entièrement quels étaient les fiefs
que les Grimoard tenaient du vicomte de Polignac ;

mais puisque le Pape affirme que c'était la plus grande partie de leurs terres, notre seule ressource est de donner la liste des domaines de la famille. Heureusement, nous sommes à même de pouvoir faire, paroisse par paroisse, le dénombrement des possessions qu'ils y avaient, et d'en indiquer, sinon l'étendue, du moins la valeur et l'importance. Nous n'avons pour cela qu'à transcrire un acte qui fut dressé en 1373, à l'occasion que nous allons dire.

Lorsque le Roi de France vint à Avignon, saluer Urbain V après son exaltation, il voulut laisser à sa famille un témoignage de sa royale protection, et il lui accorda pour toutes ses terres une exemption complète de toutes charges et de tout impôt, jusqu'au nombre de 200 feux. Il nomme spécialement Grisac, Bellegarde, Bédouès, Montbel et Gros-Viala. Ce privilège, daté du mois de mai 1363, figure aux pièces justificatives, n° IV, et l'on y trouvera aussi la confirmation qui en fut faite par les rois Charles V, VI, VII, Louis XI, Charles VIII, Louis XII, et autres. Le Pape, qui n'avait pas voulu que son père acceptât une pension annuelle de 500 livres, que le même roi Jean lui avait octroyée, ne s'opposa pas à l'exonération accordée à ses terres, parceque ce bienfait allait être immédiatement ressenti par tous ses vassaux.

Le vieux Grimoard ne profita guère de la concession royale. Après sa mort, Raymond de Montaut, son petit-fils et héritier, s'occupa de faire régulariser les choses et d'établir ses droits. Muni du privilège déjà renouvelé par Charles V, il se présenta le 23 avril 1367, devant le Sénéchal de Beaucaire et de Nimes, que le prochain départ du Pape pour l'Italie avait attiré à Avignon. Amédée des Baux, qui remplissait cette charge, donna aussitôt des lettres exécutoires pour qu'on fit sur place le dénombrement des feux appartenant au Seigneur de Grisac, afin que ses vassaux pussent jouir sans trouble, de la faveur accordée par le Roi. Nous ne savons pour quel motif Raymond de Montaut attendit six ans entiers avant de requérir l'exécution de ces ordres. Ce fut seulement le 31 mai 1373, qu'il fit présenter les lettres du Sénéchal à la trésorerie de Nîmes, et demander qu'il fut procédé à l'enquête nécessaire.

Cette enquête fut faite le 13 juin suivant, et l'on en peut lire le procès-verbal abrégé à la suite de notre travail, n° V. Ce jour-là, les commissaires délégués, qui étaient le Juge royal de Marvejols, le Procureur et le Trésorier de la Sénéchaussée, se transportèrent, ou envoyèrent leurs représentants, au lieu de l'Apostoly, petit hameau de la commune de Chamborigaud, dans le Gard, lequel faisait alors partie de celle de Genolhac. On était là dans les terres du Seigneur de Grisac, et des témoins préalablement cités de toutes les paroisses dans lesquelles il avait des domaines, s'y étaient rendus pour déposer devant les commissaires.

Le résultat de l'enquête fut de constater que la juridiction du Seigneur de Grisac s'étendait aux paroisses suivantes, et au nombre de feux qui va être indiqué.

1. Dans la paroisse de N. D. de Chausses, il avait 21 feux, sur 23 qu'on y comptait.
2. Dans la p⁣ˢˢᵉ de Genolhac........... 3 sur 11.
3. Dans la p⁣ˢˢᵉ de Ste-Cécile-d'Andorge.. 7 sur 15.
4. Dans la p⁣ˢˢᵉ de S. Julien-des-Points.. 2 sur 10.

5. Dans la p^{sse} de S. Michel-de-Dèzes.... 3 sur 18.

6. Dans la p^{sse} de S. Jean-de-Cambon... 7 sur 35.

7. Dans la p^{sse} de S. Andéol-de-Clerguem. 4 sur 5.

8. Dans la p^{sse} de S. Frézal-de-Ventalon.. 7 sur 13.

9. Dans la p^{sse} de S. Privat-de-Vallongue. 21 sur 22.

10. Dans la p^{sse} de S. André-de-Lancize... 5 sur 20.

11. Dans la p^{sse} de N. D. de Castagnols... 7 sur 41.

12. Dans la p^{sse} de S. Maurice-de-Ventalon 3 sur 12.

13. Dans la p^{sse} de S. Pierre-de-Cassagnas 3 sur 10.

14. Dans la p^{sse} de S. Privat-de-Frogères. 3 sur 30.

15. Dans la p^{sse} de Grisac et Fraissinet-
de-Lozère........ 7 sur 30.

16. Dans la p^{sse} de Bédouès............. 6 sur 13.

17. Dans la p^{sse} d'Alenc................. 6 sur 60.

18. Dans la p^{sse} de Belvezet............. 4 sur 50.

C'était donc en tout 119 feux qui se trouvaient appartenir au seigneur de Grisac. Il y a encore loin de ce chiffre à celui de 200 feux, pour lesquels le roi de France avait accordé l'exemption ; aussi avons-nous crû d'abord que l'énumération n'était pas complète, surtout en voyant que la liste ne comprend pas Verfeuil, dont Raymond de Montaut portait le titre. Mais, comme nous lisons dans le procès-verbal, qu'après la conclusion de l'enquête, le procureur de celui-ci réserva pour son maître le droit à un plus grand nombre de feux, *lorsque par la suite ce nombre s'augmenterait, ou qu'on en trouverait un chiffre supérieur,* nous devons penser que les malheurs de l'époque et les dévastations des routiers, avaient diminué la population et les ressources de ces contrées, au point qu'elles restaient si fort au-dessous de la limite fixée par les lettres royales.

Ce n'en étaient pas moins des domaines très-importants que ceux de la famille de Grimoard; ils formaient une sorte de principauté occupant un espace fort étendu, et qui devait procurer au seigneur des revenus considérables. Essayons de bien établir la position des 18 paroisses qui la composaient. Nous disons dix-huit, parce que, bien que Grisac eut été érigé en paroisse par Urbain V en 1367 , elle était néanmoins encore comprise dans l'affouagement général avec Fraissinet-de-Lozère, dont elle avait été distraite sous le rapport spirituel.

A l'exception de trois paroisses qui font partie du département du Gard, toutes celles qui sont désignées ci-dessus se trouvent dans la Lozère. On peut en diviser l'ensemble en trois groupes assez distincts, dont le premier au Nord , séparé des autres, comprend les paroisses d'Allenc et de Belvezet, le second au Sud-Est, les paroisses de Genolhac, de N. D. de Chausses, et de Ste-Cécile-d'Andorge , qui en réalité ne sont pas trop éloignées du groupe central où sont les 13 paroisses restantes.

Le premier groupe est situé au Nord du mont Lozère, au midi de Châteauneuf-de-Randon, au Sud-Ouest de Mercoire ; il est formé par les paroisses d'Allenc et de Belvezet, qui sont deux communes du canton du Bleymard, arrondissement de Mende. Allenc figure parmi les possessions des Grimoard à cause du domaine de Montbel, actuellement chef-lieu de la paroisse de ce nom, que nous avons vu acquis depuis peu par le père du pape Urbain V, du seigneur de Randon. Belvezet y compte pour le domaine de Gros-Viala, qui fut acquis de la même manière que le précédent.

A l'extrémité opposée, et en entrant dans le département du Gard, non loin de Sénéchas et de Portes, nous retrouvons Génolhac, chef-lieu de canton, et Ste-Cécile-d'Andorge, commune du canton de Génolhac, qui paraissent avoir toujours appartenu au diocèse d'Uzès. En outre, toujours dans le même canton, et dans la commune actuelle de Chamborigaud, on voit encore les ruines de N. D: de Chausses, église détruite et paroisse supprimée, qui a laissé son nom au hameau de Chausse.

Le groupe du milieu comptait 13 paroisses des Cévennes. On les reconnaîtra aisément dans les communes suivantes de l'arrondissement de Florac, que nous énumérons en allant de l'Est à l'Ouest, et du Sud au Nord.

I. S. Michel-de-Dèzes, S. Julien-des-Points, S. André-de-Lancise, S. Privat-de-Vallongue, *du canton de S. Germain-de-Calberte*.

II. Cassagnas, *du canton de Barre*.

III. S. Frézal-de-Ventalon, S. Andéol-de-Cierguemort, S. Maurice-de-Ventalon, Fraissinet-de-Lozère, *du canton du Pont-de-Montvert*.

IV. Bédouès, *du canton de Florac*.

Les trois paroisses qui manquent dans cette liste n'existent plus aujourd'hui, ni comme paroisses, ni comme communes. S. Jean-de-Cambon, qui dans les vieux titres est appelé *ecclesia S. Joannis Cambonis Dezarum*, fait partie de la commune du Collet-de-Dèze, canton de S. Germain-de-Calberte. S. Privat-de-Frogères est maintenant Frutgères, dans le canton et commune de Pont-de-Montvert. Enfin N. D. de Castagnols n'est plus que le hameau de Castaniol, compris dans la commune et paroisse de Vialas, même canton.

Ainsi parmi les anciennes paroisses qui formaient les domaines des Grimoard, quatre des plus considérables, puis qu'elles avaient vingt-trois, trente, trente-cinq, et jusqu'à quarante et un feux, ont entièrement disparu; quatre autres ont conservé le titre de communes sans avoir de paroisse catholique, et les autres, à l'exception de celles du Nord, sont en majorité protestantes. On reconnaîtra là, outre les vicissitudes des choses humaines, les ravages opérés dans ces contrées par le protestantisme qui les a envahies, et y a établi son boulevard. Le pays qui a donné à l'Eglise un de ses plus grands Papes, un des plus fermes défenseurs des dogmes catholiques, et qui était l'apanage de sa famille, est possédé par les ennemis des doctrines qu'il a professées. Chose plus douloureuse encore ! Grisac qui l'a vu naître, ne compte plus dans son sein un seul catholique !

Ceux qui jetteront un coup d'œil sur une carte des lieux que nous venons de mentionner, ne manqueront pas de remarquer qu'au centre des paroisses des Cévennes dont les Grimoard avaient la seigneurie, se trouve S. Privat-de-Vallongue. C'est là qu'était le manoir seigneurial, *le château de Bellegarde*, lieu de leur résidence habituelle. Tout à l'entour, ils étaient complètement les maîtres : S. Privat-de-Vallongue leur appartenait à-peu-près en entier, ainsi que S. Andéol-de Clerguemort, et N. D. de Chausses ; ils avaient la moitié de Ste-Cécile-d'Andorge et de S. Frézal-de-Ventalon. Bellegarde était donc véritablement au centre de leurs domaines, surtout avant qu'ils se fussent étendus vers le Nord, et ils pouvaient de là exercer facilement leur autorité sur les paroisses qui rayonnaient autour d'eux, et où ils avaient des vassaux. Aussi pendant long-temps les Grimoard ne prirent d'autre titre que celui de *seigneurs de Bellegarde.* Le premier Guillaume n'en connut jamais d'autre, ou du moins il n'y a aucune trace du contraire dans les actes que nous avons vus.

Guillaume II de Grimoard fut le premier qui prit le nom de *seigneur de Grisac,* nous ne saurions dire à quelle époque. Nous présumons que ce fut à l'occasion de son mariage, et qu'il adopta ce titre pour n'être pas confondu avec son père qui avait le même prénom que lui. D'ailleurs en allant établir sa résidence à Grisac avec sa jeune femme, il était naturel qu'il se fît donner le nom du lieu où il fixait sa demeure. Son séjour à Grisac à cette époque ne paraît pas douteux ; une tradition constante, admise par tous les auteurs, affirme qu'Urbain V est né à Grisac vers 1309. C'est la première fois qu'il est fait mention de ce château, qui bientôt donna son nom à la famille, probablement parce qu'à la mort de Guillaume I, son fils continua à se nommer *seigneur de Grisac,* se contentant d'ajouter, *et de Bellegarde.* Ainsi parlent en effet les actes postérieurs.

Il est vrai que dans son hommage du 10 octobre 1308, Guillaume II est qualifié *seigneur du château de Bellegarde,* sans autre addition. Nous pensons que le notaire a voulu se servir du titre ancien que Guillaume venait d'hériter de son père, du titre officiel, seul reconnu dans la chancellerie épiscopale, où aucun seigneur de Grisac n'avait encore paru pour rendre hommage. Il ne serait pas juste de conclure de ce fait que Guillaume n'était pas encore alors dans l'usage de se faire appeler seigneur de Grisac, et que peut-être il ne possédait point encore ce château ; car précisément lorsque le 10 novembre 1344 il rendit hommage à Albert Lordet, l'acte lui donne de nouveau le titre unique de seigneur de Bellegarde, alors que déjà dans des actes authentiques de 1334 et 1335 on le voit nommer *seigneur de Grisac*.

Ce dernier titre prévalut bientôt, parce que le modeste château venait d'être illustré par le grand Pape qui y avait vu le jour. Ce fut au point que le nom de Bellegarde n'apparut plus que très-rarement, et jamais seul, et qu'on en vint dans la seconde moitié du 14me siècle à ne plus dire dans les actes, Guillaume ou Etienne de Grimoard, mais Etienne de Grisac, Guillaume de Grisac, Hahélis de Grisac. Aussi Raymond de Montaut, obligé par la bulle du pape son oncle, à prendre le nom et les armes de la famille, se fit-il appeler seigneur de Grisac ; mais nous n'avons vu aucune part qu'il se soit nommé Raymond de Grimoard.

Ce même Raymond ajouta au titre de son aïeul, un titre nouveau, et dans un acte de 1373, il se dit seigneur de Grisac *et de Verfeuil*. C'est dans ce lieu de Verfeuil, que ce seigneur paraît avoir séjourné plus ordinairement qu'à Grisac, dont le climat était beaucoup plus rude. Il se trouvait ainsi plus rapproché du pays où il était né, si, comme nous le fait observer M. Germer Durand, il tirait son nom du village de *Pujaut*, canton de Villeneuve-lez-Avignon, que l'on a appelé en latin tantôt *Podium altum*, tantôt *Mons altus*.

Tels sont les seuls titres seigneuriaux qu'ait portés la famille de Grimoard jusqu'à son absorption par la famille du Roure. Nous avons parcouru un assez grand nombre d'actes la concernant, pour pouvoir assurer qu'elle n'en prit point d'autre. Lors donc que Moréri déroulant les onze générations des Grimoard qui précédèrent Urbain V, les qualifie à chaque degré de seigneurs de Beauvoir et de barons du Roure, il se trompe assurément. Lors qu'en particulier, parlant du père du Pape, il le nomme Guillaume de Beauvoir, chevalier, baron du Roure, il est en opposition formelle avec toutes les pièces de l'époque ; bulles du pape, lettres des rois de France, hommages, contrats, transactions, registres de comptes, chroniqueurs, acte mortuaire, tout s'accorde pour lui donner le démenti le plus catégorique.

Nous voudrions terminer ces recherches par quelques mots sur l'état actuel des châteaux de Bellégarde, Grisac et Verfeuil.

A *Verfeuil,* commune du canton de Lussan, dans le Gard, on trouve dans un bois voisin du village, une tour du 13me siècle qui a pû voir les Grimoard, et dans le village même un château du 16me siècle.

Pour ce qui concerne *Bellegarde,* nous lisons dans le *Dictionnaire géographique de la Lozère,* par M. Bourret, qu'on remarque sur le territoire de S. Privat-de-Vallongue, des vestiges d'un ancien château, qui ne peut être que celui de Bellegarde. Nous avons en vain demandé en quoi consistent ces vestiges.

A *Grisac,* il reste moins encore. Lorsque le 6 juin dernier nous gravissions les sommets escarpés sur lesquels ce village est situé, pour accomplir un pieux

pélérinage au berceau d'Urbain V, nous espérions
trouver au moins quelques ruines vénérables, qui nous
parleraient encore du grand homme qui a commencé
là sa glorieuse carrière. Vain espoir! Le château a
disparu, ses ruines mêmes ont été dissipées, et il ne
reste rien qui ait vu notre pontife, rien que le site
sauvage et désert où s'élevait sur un précipice la demeure qui abrita ses premières années. Un édifice
moderne occupe une partie de l'espace du vieux donjon,
mais il n'a rien de commun avec lui que l'emplacement
où il est bâti. La chose n'est pas difficile à constater :
le vieux château féodal était construit en pierres cal-
caires, ainsi que l'indiquent les débris que l'on ren-
contre dans les décombres, et les matériaux qui ont été
employés çà et là ; le château actuel ne se compose
que de quartiers de granit, recueillis sur les lieux. On
ne peut s'y tromper ; la maison consacrée par la naissance d'Urbain V n'existe plus. Avec elle s'en est allée
l'antique foi des habitants de l'humble hameau, et si
le plus illustre des Grimoard revenait dans sa patrie,
il n'y trouverait pas un représentant des vieilles cro-
yances que professèrent leurs pères. Pauvre troupeau
sans pasteur, sans église, sans croyance, nous allions
dire sans Dieu! Puisse du haut du Ciel le plus grand et
le plus saint des enfants de Grisac intercéder pour lui
auprès du Seigneur, et ramener au bercail les brebis
égarées!

III

PIÈCES JUSTIFICATIVES

I.

Hommage de Raymond et d'Elis de Montferrand, à Guillaume Durand, évêque de Mende (1).

(26 août 1293.)

In nomine dñi. Anno incarnationis ejusdem M°. CC°. nonagesimo tercio, videlicet VII° Kl. Septembris, indictione Vᵃ, dño Philippo Francorum rege regnante, dño Guillelmo dei gratia Mimat. epõ presidente, noverint universi et singuli, presentes pariter et futuri, Quod *Raymundus et Elis de Monteferrando, frater et soror,* liberi condam Berengarii de Monteferrando, domicelli, de auctoritate, licentia, et speciali mandato Hugonis Baylini, presentis, domicelli, curatoris dictorum liberorum, et avunculi ipsorum, cujus instrumenti dicte cure tenor talis est.

Anno dñi M°. CC°. nonagesimo tercio, die Jovis post festum B. Marie Magdalenes,... Notum sit omnibus... Quod venientes apud Marologium, in curia dñi regis, coram discreto viro dño Bertrando de Brinono, judice

---

(1) Nous devons cette pièce à l'obligeance de M. André, archiviste du département de la Lozère, qui nous a communiqué aussi plusieurs autres actes, dont nous avons fait usage.

Gabal. pro dño rege, Raymundus et Elis, puberes, liberi condam Berengarii de Monteferrando, minores vero XXV annis, majores vero XIIII annis, petierunt sibi dari in curatorem Hugonem Baylini, avunculum ipsorum, domicellum ; et dictus dñs judex videns postulationem dictorum Raymundi et Elis fore consentaneam rationi, ipsam admisit, et predictum Hugonem Baylinis dedit... in curatorem.... Acta fuerunt hec Marologii, infra castrum, ubi assizia tenebatur ete.

Qui predicti Raymundus et Elis, minores, constituti in presentia R. in X͞p͞o Patris predicti dñi ep͞i Mimate͞n. et mei notarii et testium infrascriptorum, predicto eorum curatore presente et mandante, et eis auctoritatem donante, recognoverunt et confessi fuerunt se tenere, et velle tenere, et tenere debere ab eodem dño ep͞o, nomine suo et sue ecclesie Mimate͞n., quicquid habent, et habere debent et possunt... in manso vocato de Crozo, parochie S. Johannis de Chanaco, dyo͞c. Mimate͞n., et etiam quicquid habent iu toto et universo mandamento et pertinemento dicti castri de Chanaco, etc.. Promittentes etc... Pro quibus omnibus... dictus Raymundus junctis manibus eidem dño ep͞o osculum tribuendo, et predicta Elis suis junctis manibus positis inter duas manus prefati dñi ep͞i, manum dexteram eidem osculando, fidelitatem eidem dño ep͞o promiserunt et juraverunt... Acta fuerunt hec apud Banasac... presentibus dnĩs Lordeto de Chiriaco, milite, Baldoino de Monteferrando, milite,... et me Petro Manhac, not. publico.

(Arch. dép. de la Lozère. Evêché. Homm. part. n. 30.)

II.

Bulle d'Urbain V à son neveu Raymond de Montaut.

(3 Avril 1367.)

Raymundo de Montealto, domicello Uticensi, certa pars hereditatis et bonorum quondam Guillelmi Grimoardi dñi de Grisaco, Mimateñ. dioc̃., certis conditionibus et modis conceditur et donatur.

Dilecto filio , nobili viro , Raymundo de Montealto, *nato quondam Guillelmi de Montealto ,* domicello Uticeñ. dioc̃., salutem, etc. Nobilitas generis, probitatisque et aliarum virtutum tuarum laudabilia merita, necnon grata familiaritatis obsequia que nobis hactenus impendisti et impendis assiduę, et per que te reddis nostris aspectibus gratiosum, consanguinitatis quoque vinculum quo nobis conjungeris, merito nos inducunt ut personam tuam, in hiis præsertim quæ ratio et æquitas suadent, congruis favoribus et condignis muneribus prosequamur. Horum igitur consideratione inducti, partem hæreditatis et bonorum omnium quondam Guillelmi Grimoardi , militis, dñi de Grisaco , Mimateñ. dioc̃., genitoris nostri , personam nostram ratione legitime, jure nature nobis debite, sive successionis, aut alias quomodolibet contingentem, omniaque jura et actiones, quocumque nomine nuncupentur, personæ nostræ competentia in eisdem, tibi qui NEPOS *et familiaris noster existis,* tuisque hæredibus legitimis et naturalibus ex te nascituris in perpetuum, donatione simplici et irrevocabili inter vivos , sub conditione

tamen infrascripta, tenore præsentium concedimus et
donamus, et in te et hæredes prædictos totaliter trans-
ferimus pleno jure , teque verum dominum consti-
tuimus in eisdem ; ita ut liceat tibi et hæredibus ipsis
deinceps, præmissorum possessionem, seu quasi, libere
apprehendere et etiam retinere ; ac pro præmissis et
eorum occasione, agere, experiri, et cætera facere quæ
quicumque dominus verus potest facere de re sua, et
prout nos ante præsentem donationem facere pote-
ramus. Volumus autem, et hanc præsenti donationi
conditionem atque legem adicimus, ut si forte contigerit te, nobis superstitibus, prædecedere absque liberis
legitimis et naturalibus, eo casu pars hæreditatis et
bonorum prædictorum juraque et actiones hujusmodi
per nos tibi donata, ad nos et dispositionem nostram
perinde totaliter et libere revertantur, ac si presens
donatio facta per nos minime extitisset; quodque nos,
etiam te vivente, in casu quo forsitan liberos naturales
et legitimos non haberes, seu etiam si te defuncto et
relictis hujusmodi liberis, ipsos, nobis superstitibus,
eximi contigerit ab humanis, prædicta media pars et
jura et actiones ad nostram dispositionem totaliter revertantur. Cæterum volumus quod tu et hæredes tui a
te per masculinam lineam descendentes, partemque
hæreditatis et bonorum hujusmodi pro tempore possi-
dentes, titulo et nomine, ac armis et insigniis dicti
nostr genitoris uti perpetuo debeatis. Nulli ergo etc.
nostræ concessionis, donationis, translationis, consti-
tutionis, voluntatis et adictionis, infringere etc. Datum
Avinione III nonas Aprilis anno quinto.

(Reg. Urbani V. De Ind. et Com. An. V. f. 9 V°.)

III.

Extraits du Testament du cardinal Anglic de Grimoard.

(11 Avril 1388.)

In nomine Sanctæ et individuæ Trinitatis, Patris et Filii et Spiritus Sancti. Quia humanæ naturæ conditio etc. Ego Anglicus Grimoardi, miseratione divina episcopus Albanensis, Sanctæ Romanæ Ecclesiæ Cardinalis, in mea bona, firma, sanaque per Dei gratiam existens memoria, licet infirmitate corporali gravatus etc. Testamentum meum ultimum seu meam ultimam voluntatem... condo, facio, et ordino, etc. Item cum dominus *Raymundus de Montealto, miles, quondam* NEPOS MEUS, dominus castri et terræ de Grisaco, diocesis Mimatensis, in suo ultimo testamento recepto in notam subscriptoque et signato per mag. Poncium Dominici de Monteclaro, Uticensis diocesis notarium, sub anno incarn. dom. 1373 et die 7ᵃ Aprilis, ordinaverit, etc. Item dono donatione causa mortis domino de Grisaco, dictæ Mimatensis dioc., qui nunc est, et suis in perpetuum successoribus in dicta terra de Grisaco, castrum de Viridifolio, dioc. Uticensis, cum jurisdictione et mandamento suis omnimodis, etc. Lego dilectæ mihi in Christo sorori *Dalphinæ Grimoardi,* mon. S. Laurentii Avinionensis moniali, quindecim florenos auri currentes... pensionales... singulis annis solvendos. Item lego dilectæ mihi in Christo sorori *Isabelli de Sinzellis,* moniali mon. B. M. de Furnis, Avinionensis, decem florenos auri... pensionales... singulis annis solvendos, etc. Item lego nobili *Amphelizæ Grimoardi*, aliter de Grisaco, NEPTI MEÆ unum parvum Missale, secundum usum Romanum, etc. Item lego eidem Amphelizæ nepti meæ, super tota terra de Grisaco, centum florenos auri sibi solvendos annis singulis etc. Item lego *Urbano et Johanni Senhoreti, alias Grimoardi,* fratribus, filiisque legitimis et naturalibus dñi Petri Senhoreti, militis, quondam de Rupe Sanctæ Margaritæ, Ruthenensis diõc., et dictæ nobilis Amphelizæ, NEPOTULIS MEIS, etc. Item donationem dudum per me factam de Castro et terra de Grisaco, cum juribus et pertinentiis suis universis nobili *Grimoardo Grimoardi, alias Senhoreti,* filio naturali et legitimo dñi Petri Senhoreti, quondam militis, domini castri de Rupe S. Margaritæ, et Amphelizæ Grimoardi, neptis meæ, supranominatorum, prout in instrumento super hoc in notam recepto per Bertrandum de Cazis, notarium publicum latius continetur... plenam obtinere volo roboris perpetuo firmitatem, etc..

Acta fuerunt hæc Avinioni, in domo habitationis dicti dñi Cardinalis testatoris, in camera sua secreta, sub anno a Nativitate domini 1388, et die 11 mensis Aprilis... præsentibus etc.. Et me Bertrando de Cazis, etc.

(Baluze. Vitæ Pap. Aven. T. 2. col. 1021 etc. Ex archivo S. Andreæ prope Aven.)

IV

PRIVILÉGES ACCORDÉS PAR LES ROIS DE FRANCE AUX TERRES DES GRIMOARD [1]

I.

JEAN II. — (Mai 1363.)

Joannes Dei gratia Francorum Rex, notum faci-mus universis præsentibus et futuris, quod nos propensius attendentes sinceræ dilectionis affectum quem SS^{mus} in christo pater et dominus Dns. Urbanus divina providentia papa quintus, dum erat in mino-ribus constitutus, quemque post ipsius promotionem ad summi Pontificatus apicem, ad nos et regnum nostrum hactenus habuit et habet incessanter, prout experientia facti super hoc nos efficit certiores; volentes eapropter ipsius Sanctissimi Patris contem-platione, dilecto et fideli militi nostro *Guillermo Grimoardi,* ipsius Sanctissimi Patris patri naturali et legitimo, ac domino loci de Grisaco, gratiam

---

(1) Nous avions vainement recherché les pièces suivantes dans le Recueil des *Ordonnances des Rois de France*; à la place où elles devraient être, il n'y a rien. Nous avons fini par découvrir dans le tome XV, p. 436 la lettre de Louis XI, dans laquelle les précédentes sont intercalées l'une dans l'autre. Celle de Charles VIII se trouve également au tome XIX, p. 349. Nous croyons néanmoins devoir les donner toutes ensemble, et chacune à part, comme dans le Ms. d'Aix. La première avait déjà été publiée par Baluze, dans ses Vies des Papes d'Avignon, tome II, col. 756. Nous l'avons revue sur l'original.

4

facere specialem, et eumdem favore prosequi gra-
tioso , et ut de dicti domini summi pontificis
sancta promotione in privilegiis, franchisiis, hominibus
et subjectis dicti militis nostri et ejus successorum
per nos concessis, in perpetuum felix et inclita
memoria habeatur ; quodque ut dictus miles noster,
ac ejus successores ipsorumque subditi, ipsius domini
nostri Papæ contemplatione exempti, et a jugo et onere
plurium servitutum ditiores effecti, in procreatione
naturali dicti domini Papæ ac sui status ad summum
apicem exaltatione continuis benedictionibus gratu-
lentur , eidem militi pro se et suis hæredibus et
successoribus perpetuo dominis dicti loci de Grisaco
concessimus, et de gratia speciali concedimus per
præsentes, ut ipsorum homines in castris et man-
damentis et pertinentiis locorum de Grisaco, de
Bellagarda, villæ de Bedoesco, et mansorum de
Montebello, et de Grasso-villari, diocesis Mimatensis, et aliis ubicumque in nostra senescallia
Bellicadri habitantes, jurium et pertinentiarum eorumdem, præsentes et futuri, usque tamen ad numerum ducentorum focorum, ab omnibus subventionibus, impositionibus, talliis, focagiis, cavalcatis,
angariis , parengariis , et aliis oneribus quibuscum-
que, perpetuis temporibus quitti sint et immunes ;
nec ad præmissa nobis solvenda , seu in eisdem
contribuere, per nos, officiarios nostros, vel alios ali-
quatenus compellantur, aut compelli possint, nunc
vel in futurum, quoquomodo; exceptis tamen subventionibus vel oneribus pro redemptione nostra
impositis vel imposterum imponendis ; a quibus quidem subventionibus et oneribus præfatos homines

dicti loci nullatenus eximi, sed ad ea solvenda
prout cæteri nostri regnicolæ tenebuntur et te-
nentur, teneri volumus et adstringi. Quapropter
dilectis et fidelibus gentibus nostris cameræ compotorum nostrorum Parisiis, Senescallo et receptori
nostris Bellicadri et Nemausi, cæterisque justiciariis et officiariis nostris, præsentibus et futuris,
vel eorum locatenentibus, et cuilibet eorumdem,
damus tenore præsentium in mandatis, quatenus
præfatum militem ipsiusque hæredes et successores,
dominos dicti loci de Grisaco, jurium et pertinentiarum ejusdem, homines, habitantes, et subditos
prædictos, nostra præsenti gratia uti et gaudere
perpetuo faciant et permittant, ipsos vel eorum
alterum in contrarium non turbantes aut turbari
permittentes a quoquam; quod ut firmum et stabile
permaneat in futurum, nostrum præsentibus fecimus
apponi sigillum, salvo in aliis jure nostro, et in
omnibus quolibet alieno. Datum apud Villanovam
prope Avinionem, anno domini 1363, mense maii.

(Archives de l'Empire, Reg. J. J. 93, f. 103 V°.)

II.

CHARLES V. — (Juillet 1366.)

Carolus Dei gratia Francorum rex, notum facimus
universis tam præsentibus quam futuris, nos litteras
inclitæ recordationis charissimi domini et genitoris
nostri vidisse, formam quæ sequitur continentes :
Joannes Dei gratia etc. (*ut supra*). Nos autem propensius considerantes gratiam per prædictum dominum genitorem nostrum dilecto et fideli militi nostro

Guillermo Grimoardi, SS. in Christo Patris domini
Urbani divina providentia Papæ prædicti genitori,
ac domino loci de Grisaco, ejusdem SS. Patris contemplatione factam, affectionem ipsius domini genitoris nostri volentes uberius ampliare, cum ipse
SS. Pater, post dicti domini genitoris nostri deces-
sum, sincerius ac ferventius affectum suum cum
singulari et speciali dilectione continuando et ampliando erga nos et regnum nostrum, in omnibus
nostris ac ipsius regni actibus se reddiderit atque
reddat incessanter liberaliorem, promptiorem et
benignum, prout ab experto cognovimus, et de die
in diem cognoscimus per effectum, propter quod ad
ipsum præfatum SS. Patrem et ejus genitorem prædictum, singulariori, speciliori et ferventiori favore
debemus adstringi; erga ipsum præfatum genitorem
ejusdem SS. Patris et suos, in omnibus eorum actibus debemus et volumus nos reddere promptiores,
hoc specialiter et singulariter affectantes ut de ipsius
sancta promotione felix et inclita memoria in perpetuum
habeatur ; considerantes etiam quod gratiæ factæ
dicto genitori ipsius SS. Patris, eidem SS. Patri fieri
videntur, cum una et eadem persona genitor et
filius reputetur. Eapropter, gratiam per præfatum
dominum genitorem nostrum præfato SS. Patris
genitori factam continuando, ac sincera dilectione
quam ad dictum SS. Patrem gerimus liberalius
ampliando, litteras ejusdem domini genitoris nostri
suprascriptas et omnia et singula in eisdem contenta, rata habentes et grata, volumus, laudamus, et
approbamus ac ratificamus, et de nostra speciali gratia,
certa scientia, nostraque auctoritate regia, de pleni-

tudine nostræ regiæ potestatis, sub tamen exceptio-
nibus solutionis et liberationis ejusdem domini genitoris nostri dumtaxat, tenore præsentium confirmamus; dilectis et fidelibus gentibus nostris cameræ
compotorum nostrorum Parisiis, Senescallo et receptori nostris Bellicadri et Nemausi, cæterisque justiciariis et officiariis nostris, modernis et futuris, aut
eorum locatenentibus, et cuilibet eorumdem ut ad
eum pertinet, dantes præsentibus in mandatis quatenus præfatum militem ipsiusque hæredes et successores, dominos dicti loci de Grisaco, jurium et pertinentiarum earumdem, homines, habitantes et subditos suos prædictos, hac nostra gratia et præsenti
confirmatione uti et gaudere pacifice et quiete, diversis
perpetuis temporibus faciant et permittant, et contra
tenorem ipsarum, aut eorum alterum, nullatenus
impediant, perturbent aut inquietent, seu impedire,
perturbare vel inquietare faciant aut patiantur a quoquam; non obstante quod dici possit quod hoc sit de
domanio nostro, aut sentiat domanii naturam, ac
ordinationibus, mandatis, defensionibus, consuetudi-
nibus, statutis, et usibus, generalibus et specialibus,
in contrarium per nos editis aut edendis quibus-
cumque, quos, quas, et quæ, quæcumque fuerint,
pro expressis, specificatis et declaratis in his præsentibus haberi volumus et mandamus. Quod ut
perpetuæ firmitatis robur obtineat, nostrum præsentibus litteris fecimus apponi sigillum; salvo in aliis
jure nostro, et in omnibus quolibet alieno. Datum
et actum Parisiis in domo nostra juxta Sanctum
Paulum, mense julii, anno domini 1366, et regni
nostri tertio.

Expedita in camera compotorum VIII die julii
M. CCC. LXVI. — H. de Rocha.

(Biblioth. de la ville d'Aix, MS. 916, ainsi que les 8 pièces suivantes.)

III.

CHARLES VI. — (Août 1399.

Carolus Dei gratia Francorum rex, notum facimus
universis tam præsentibus quam futuris nos litteras
infrascriptas charissimi domini et genitoris nostri,
cujus anima in pace requiescat, vidisse, formam quæ
sequitur continentes : Carolus etc. (*ut supra*) —
Quas quidem litteras, et omnia et singula in eisdem contenta, in quantum nominati in dictis litteris rite et juste usi fuerint et utantur, ratas
habemus et gratas, eas volumus, et laudamus et approbamus, et nostra auctoritate regia et speciali gratia
tenore præsentium confirmamus; mandantes Senescallo et receptori nostris Bellicadri et Nemausi, cæterisque officiariis et justiciariis nostris, aut eorum
locatenentibus, præsentibus et futuris, et eorum
cuilibet ut ad eum pertinebit, quatenus dominum
de Grisaco et omnes subditos suos in suprascriptis
litteris nominatos, omnibus et singulis in eisdem
litteris contentis uti et gaudere pacifice faciant et
permittant, ipsosque nullatenus molestent, vel molestari permittant in corporibus sive bonis, sed quicquid in contrarium factum vel attentatum fuerit, in
statum pristinum reducant seu reduci faciant indilate.
Quod ut firmum et stabile permaneat in futurum,
sigillum nostrum præsentibus duximus apponendum;
salvo in aliis jure nostro, et in omnibus quolibet

alieno. Datum apud Pontisaram, mense Augusti, anno
domini 1399, regni vero nostri decimo nono.

IV.

CHARLES VII. — (Février 1426.)

Carolus Dei gratia Francorum rex, notum facimus
universis tam præsentibus quam futuris, nos litteras
infrascriptas charissimi domini genitoris nostri, cujus
anima requiescat in pace, vidisse, formam quæ sequitur
continentes : Carolus etc. (*ut supra*). Quas quidem litteras superius insertas, et omnia et singula in eisdem contenta, ratas et gratas habentes, consideratis fidelitate
et servitiis per dilectum nostrum *Grimoardum Grimoardi,* dominum de Grisaco, dicto domino nostro nobis-
que impensis, laudamus, ratificamus et confirmamus,
volumusque; et eidem domino de Grisaco ipsiusque
hæredibus et successoribus, dominis supradictorum
locorum et jurisdictionum, et hominibus et subditis
suis, in suprascriptis litteris nominatis, concessimus
et concedimus per præsentes de gratia speciali et
auctoritate regia, ut ipsi amodo in antea universis
et singulis privilegiis, franchisiis, libertatibus, et aliis
in præscriptis litteris contentis et specificatis, in
quantum eisdem rite et debite usi sunt, gaudeant et
utantur absque impedimento vel contradictione qua-
cumque. Mandantes præterea præsentium serie litterà-
rum dilectis et fidelibus gentibus nostris cameræ
compotorum, Senescallo et receptori nostris Bellicadri
et Nemausi, ac aliis receptoribus, cæterisque justiciariis et officiariis nostris aut eorum locatenentibus,
præsentibus et futuris, et ipsorum cuilibet prout per-

tinebit ad eumdem, quatenus præfatum dominum
de Grisaco, cæterosque, et eorum quemlibet, nostra
præsenti gratia, confirmatione et concessione, uti et
gaudere pacifice faciant et permittant, omne impedi-
mentum, si quod ipsis in contrarium factum fuerit,
vel fieri contigerit, amoveant, seu amoveri faciant, visis
præsentibus. Quæ ut perpetuæ firmitatis robore soli-
dentur, sigilli nostri duximus appensione communien-
das; nostro in aliis, et in omnibus quolibet alieno
jure semper salvo. Datum Exolduni mense februario,
anno domini 1425, et regni nostri quarto.

V.

LOUIS XI. — (Avril 1462.)

Ludovicus Dei gratia Francorum rex, notum facimus universis tam præsentibus quam futuris, nos
litteras charissimi domini genitoris nostri, cujus
anima requiescat in pace, Amen, vidisse, formam quæ
sequitur continentes : Carolus etc. (*ut supra*). Quas
quidem litteras supra scriptas... gratas et ratas, rata
et grata habentes, eas et ea laudamus, approbamus, et
ratificamus... concedimus ac de nostra speciali gratia
ac plenitudine potestatis, et auctoritate regia per præsentes, ut ipsi... specificatis, prout et quemadmodum
rite et debite usi sunt, gaudeant et utantur in poste-
rum absque impedimento... mandantes insuper dilectis... (ut in proximis Caroli VII.) Datum Burdigalæ,
in mense aprili, anno domini 1461 ante Pascha, et
regni nostri primo.

Per regem ad relationem consilii. Daniel.

Visa, lecta, publicata et registrata in Camera com-

potorum domini nostri Regis, ac ibi expedita in
quantum domini de Grisaco et subditi sui prænomi-
nati, rite, juste, debite et pacifice hactenus usi sunt,
privilegiis, franquisiis et libertatibus expressis in
albo. Scriptum in dicta camera 17ᵃ die julii anno
domini 1464.

VI.

CHARLES VIII. — (Mai 1484.)

Carolus Dei gratia Francorum rex, notum facimus
universis tam præsentibus quam futuris, nos litteras
inclitæ recordationis charissimi domini et genitoris
nostri vidisse, formam quæ sequitur continentes :
Ludovicus etc. (*ut supra*). Quas quidem litteras
præinsertas, et omnia et singula in eisdem contenta,
ratas et gratas, rata et grata habentes, eas et ea laudamus, approbamus, ac de nostra auctoritate regia et
speciali gratia, tenore præsentium confirmamus; volumusque ut ipse dominus de Grisaco, suique hæredes,
incolæ et habitantes prædicti et eorum successores,
eisdem utantur et gaudeant, quatenus ipsi et eorum
prædecessores rite usi sunt. Mandantes dilectis et fidelibus nostris gentibus compotorum nostrorum, Senescallo et receptori nostris Bellicadri et Nemausi, et
aliis receptoribus, cæterisque justiciariis et officiariis
nostris vel eorum locatenentibus, præsentibus et
futuris, et ipsorum cuilibet prout pertinuerit ad
eumdem, quatenus dominum de Grisaco et homines
et subditos suos, in suprascriptis litteris nominatos,
eisdem uti faciant et permittant, ipsosque nullatenus
molestent vel molestari permittant in corporibus sive

bonis, sed quicquid in contrarium factum vel attentatum fuerit, in statum pristinum reducant, sive reduci
faciant indilate. Quod ut firmum et stabile permaneat,
sigillum nostrum præsentibus duximus apponendum;
salvo in aliis jure nostro, et in omnibus quolibet
alieno. Datum Parisiis, in mense maii, anno domini
1484, et regni nostri primo.

VII.

LOUIS XII. — (Mars 1499.)

Ludovicus Dei gratia Francorum rex, notum facimus
universis præsentibus et futuris, nos humilem suppli-
cationem dilectæ nostræ *Urbanæ Grimoardæ*, domi-
cellæ, dominæ castri, loci et terræ de Grisaco, de
Viridifolio et de Bellagarda, recepisse, continentem quod
dudum per plures prædecessores nostros Francorum
reges, supplicantibus suis prædecessoribus, fuerunt
data et concessa plura privilegia, libertates, franchisiæ
et exemptiones, quæ etiam fuerunt eisdem supplicantibus suis prædecessoribus confirmata et ratificata, et
maxime per quondam charissimum consanguineum
nostrum Carolum nuperrime et ultimo defunctum,
prout apparet per litteras, in quibus plures aliæ
confirmationes dictorum privilegiorum inseruntur,
quarum quidem litterarum nobis exhibitarum tenor
sequitur, et est talis : Carolus etc. (*ut supra*) ;
nos requirendo et humiliter supplicando, quatenus
easdem litteras suprascriptas, et omnia privilegia,
franchisias, et libertates, ac alia in eis expressa,
et in quodam instrumento signato per magistrum
Raimundum Carnotensem notarium, super separatione

et numero focorum numeratorum, et habitantium in
jurisdictione ipsius dominæ de Grisaco supplicantis,
et suarum pertinentiarum, contenta et declarata, de
quibus ipsa supplicans et sui prædecessores, et homines, retroactis temporibus usi fuerunt, et adhuc utuntur, eidem supplicanti et suis successoribus et hominibus laudare et approbare, ratificare et confirmare
dignaremur, gratiam nostram super hoc sibi impar-
tiri exposcendo. Quapropter supplicationi dictæ supplicantis annuentes, et vestigia prædecessorum nostrorum, regum Francorum, insequi volentes et cupientes,
et eamdem supplicantem favore benevolo pertractare,
dictas litteras suprascriptas, et omnia et singula contenta in eisdem, et generaliter et particulariter in,
dicto instrumento, rata et grata habentes, laudamus,
ratificamus, approbamus et confirmamus, et per præsentes de nostra gratia speciali, plenaque potestate
et auctoritate regia, laudamus, approbamus, ratificamus et confirmamus; volentes et concedentes ut
ipsa supplicans et ejus posteri et successores, domini
de Grisaco, et sui homines dicti loci, terræ, jurisdictionis, et pertinentiarum earumdem, dictis privilegiis, libertatibus, franchisiis et exemptionibus utantur
et gaudeant pacifice et quiete, prout hactenus et
quatenus ipsi et eorum prædecessores juste, rite et
debite usi fuerunt et utuntur de præsenti; dantes
tenore præsentium in mandatis, dilectis et fidelibus
nostris gentibus compotorum nostrorum, Senescallo
et receptori nostris Bellicadri et Nemausi, ac aliis
justiciariis nostris et eorum locatenentibus, præsentibus et futuris, et eorum cuilibet prout ad eum pertinuerit, quatenus dictam supplicantem, dominam de

Grisaco, hominesque suos, usque ad numerum ducentorum focorum sibi concessum, et eorum successores,
nostris præsentibus gratia, approbatione, et confirmatione, et aliis in præmissis litteris et instrumento contentis et declaratis, uti et gaudere pacifice faciant et
permittant, nihil in contrarium fieri permittentes,
quod si factum fuerit vel contigerit fieri, illud reducant
sive reduci faciant et reverti ad statum pristinum et
debitum indilate. Quod ut firmum et stabile perpetuo
permaneat, sigillum nostrum litteris præsentibus
duximus apponendum; salvo in aliis jure nostro, et
in omnibus quolibet alieno. Datum Blesis, mense mar-
tii, anno domini 1498, et regni nostri primo.

* Per regem ad relationem consilii.

Lecta, publicata, et registrata in camera compotorum domini nostri regis, Parisiis, ac ibi expedita, in
quantum domina de Grisaco et subditi sui prænomi-
nati, juste, rite, debite et pacifice hactenus usi sunt
privilegiis, franchisiis, et libertatibus expressis in
albo. Scriptum in dicta camera die 28 aprilis 1503.
— L. Blanc. — Visa.

VIII.

HENRI II. — (Juillet 1547.)

Henry, par la grace de Dieu roi de France, a toutz
presans et advenir, salut. Sçavoir faisons que Nous
voulans bien et favorablement traicter n^{re} cher et
bien ame *Claude de Grimoard,* seigneur et baron de
Grisac, Bellegarde, Montbel, Bedoes et Greffueil, et
luy continuer et entretenir, ensemble aux manens et
habitans desd. lieux et villages, ses subiects, les graces,

faveurs et liberalités que par nos predecesseurs Roys
leur ont esté concedés et octroyés pour les bonnes
et justes causes et considerations a plain contenues en
leurs lettres et chartres que nous avons faict attacher
a ces presentes soubs le contre scel de n͠re chance-
larie, a iceulx Claude Grimoard, sieur et baron de
Grisac, pour luy, ses hoirs et successeurs, sieurs et
barons delad. baronnie de Grisac et Bellegarde ,
Montbel, Bedoes et Grefueil, sesd. subiectz, avons
continué, confirmé , loué , approuvé , confirmons ,
louons et approuvons de grace special, plaine puissance et authorité royal, par ces presentes, tous et
chacuns, les privileges, immunités, libertés, franchises,
exemptions , que leur ont esté , comme dict est,
octroyés et concedés pour quelque cause et occasion
que ce soit par nosd. predecesseurs Roys, plus a plain
contenus et declarés es lettres sur ce par eulx obtenues, cy attachées, comme dict est, pour en jouir et
user par lesd. Grimoard, manens et habitans des villages dessusd. tant et sy avant, et tout ainsi et par
la forme et maniere qu'ils en ont par ci devant
deuement et justement jouy et usé, jouyssent et usent
encores de present. Sy donnons en mandement par les
presentes a nos ames et feaux les gens de nos comptes,
generaux conseilliers par nous ordonnés sur le faict
et gouvernement de nos finances, Senechal de Beaucaire et Nismes, a tous nos autres justiciers et officiers
ou a leurs lieutenans, et a chacun d'eux endroit soy
et sy comme a luy apartiendra, que de notre presente continuation, confirmation aprobation, ils fassent, souffrent et laissent iceux de Grimoard, et
habitans, jouir et user plainement et playsiblement,

cessans et faisant cesser tous troubles et empechemens au contraire, lesquels se faicts, mis, ou donnés
leur estoient, les mettent ou fassent mettre incontinant et sans dellay a plaine et entiere deslivrance et
au premier estat et deu, car tel est notre plaisir. Et
afin que soit chose ferme et estable a tousjours, nous
avons faict mettre notre sel a cesd. presentes ; saulx
et en autres choses notre droict, et l'aultruy en toutes.
Donné à S. Germain en Laye au mois de julhet, l'an
de grace mil| cinq cens quarante sept, et de notre
regne le premier.

Payé au receveur des confirmations douze escus
sol de la Chesnaye. Par le roy, Clausse. Les presentes
ont esté leues, publiées, et enregistrées au bureau de
la tresaurerie de Nismes, devant Monsieur le lieutenant
d'Albenas en lad. Senechaussée de Beaucaire et Nismes,
presents le procureur du Roy et la garde des Archifs,
le 21ᵉ de juin mil cinq cens quarante huict etc.

IX.

FRANÇOIS II. — (Mars 1560.)

François par la grace de Dieu Roy de France, a toutz
presents et advenir, salut. Sçavoir faisons que nous,
voulans bien et favorablement traicter nʳᵉ cher et bien
amé *Anthoine Grimoard,* sieur et baron de Grisac,
Bellegarde, Montbel, Bedoes, Greffueil, et luy continuer et entretenir, ensemble aux manans et habitans
desd. lieux et villages, ses subiects, les graces, franchises, faveurs et utillités que par nos predecesseurs
Rois leur ont esté concedés et octroyés pour les bonnes
et justes causes et considerations a plain contenues es

lettres sur lesd. privileges sy soubz n^{re} contrescel
attachées, a iceulx Anthoine de Grimoard, sieur et
baron de Grisac, pour luy, ses heoirs et successeurs,
sieurs et barons de lad. seigneurie de Grisac, Bellegarde, Montbel, Bedoes et Greffueil sesdicts subiects,
avons continué, confirmé, loué et aprové, continuons,
confirmons, louons et aprouvons, de grace specialle,
plaine puissance et authorité royale, par ces presentes,
tous et chacuns, les privilleges, immunités, libertés,
franchises, exemptions, qui leur ont esté, comme dict
est, concedés et octroyés, pour quelque cause et occasion que ce soit, par nosd. predecesseurs roys, plus a
plain contenus et declarés esd. lettres sur ce par luy
obtenues, sy, comme dict est, attachées, pour en jouyr
et user par led. Grimoard, manans et habitans des
villages susd., tant et sy avant et tout ainsy et par la
forme et maniere qu'ils en ont par cy devant duement
et justement jouy et uzé, jouissent et uzent encores de
present. Sy donnohs en mandement par ces presentes
a nos ames et feaux les gens de nos comptes, court de
nos aydes de Paris, Senechal de Beaucaire et Nismes,
et a tous nos autres justiciers, officiers, ou leurs lieutenans et chacun d'eulx endroit soy, sy comme a luy
appartiendra, que de nos presentes et continuation et
confirmation et approbation, ils facent, souffrent et
laissent iceulx de Grimoard et habitans, jouyr et user
plainement et paisiblement, cessans et faisans cesser
tous troubles et empechemens au contraire, lesquels,
si faicts, mis, ou donnés leur estoient, les mettent ou
fassent mettre incontinant et sans delay, a plaine et
entiere deslivrance, et au premier estat et deu, car tel
est notre plaisir. Et afin que ce soit chose ferme et

stable a tousiours, nous avons faict mettre notre scel
a cesd. presentes ; saulf en autres choses notre droict,
et l'aultruy en toutes. Donné a Amboise au mois de
mars, l'an de grace mil cinq cens cinquante neuf et de
notre regne le premier.

Par le roy etc.

(Enregistrée à Montpellier le 11 juin 1561.)

X.

HENRI III. — (Novembre 1579.)

Henry par la grace de Dieu Roy de France et de
Pologne, a toutz presans et advenir, salut. Sçavoir
faisons que nous, voulant bien et favorablement traicter
n^re cher et bien ame *Anthoine Grimoard,* sieur et
baron de Grissac, Bellegarde, Montbel, Bedoes et
Grefueil, et a luy continuer et entretenir, ensemble
aux manans et habitans desd. lieux et villages, ses
subiects, les graces, faveurs, liberalités que par nos
predecesseurs Roys leur ont esté concedées, pour les
bonnes considerations a plain contenues en leurs
lettres desd. privileges, sy soubs le contrescel de notre
chancellerie] attachées, a icelluy Anthoine Grimoard
sieur et baron de Grisac, pour luy, ses heoirs, sieurs
et barons de lad. seigneurie de Grisac, et ausd. manans
et habitans d'iceulx villages de Grisac, Bellegarde,
Montbel, Bedoes, Grefueil, sesd. subiects, avons continué, confirmé, confirmons de grace especiale, plaine
puissance et authorité royale, par ces presentes, touts et
chacuns, les privileges, immunités, libertés, franchises,
exemptions, que leur ont esté, comme dit est, concedées
et octroyées par nosd. predecesseurs roys, plus a plain

contenues et declarées esd. lettres sur ce par eulx obtenues, sy soubs le contresel attachées, pour en jouir
et user par lesd. Grimoard, manans et habitans des
villages susd., et tout ainsi par la forme et maniere
qu'ils en ont cy devant deuement justement jouy, et en
jouissent et usent encores de present. Sy donnons en
mandement par ces presentes a nos ames et feaux les
gens de nos comptes, tresoriers generaux de France
establis a Montpellier , Seneschal de Beaucaire et
Nismes, et a tous nos autres justiciers et officiers ou
leurs lieutenans, et chacun d'eulx, que de notre presente continuation, confirmation, et approbation, ils
facent, souffrent et laissent yceulx Grimoard et habitants, jouyr et user plainement et paisiblement, cessans
et faisant cesser tous troubles et empechemens au
contraire, lesquels sy faicts, mis, ou donnés leur en
estoient, les mettent ou facent mettre incontinant et
sans delay a plaine et entiere deslivrance et au premier
estat et deu, car tel est notre plaisir. Et afin que ce
soit chose ferme et estable, nous avons fait mettre
notre scel a cesd. presentes; saulf en autre chose notre
droit, et l'autruy en toutes. Donné a Paris au mois de
novembre, l'an de grace mil cinq cens soixante dix
neuf et de notre regne le sixieme.   Par le Roy etc.

(Enregistrée a Nimes le 18 avril 1580, sur la présen-
tation d'Antoine Grimoard, sieur et baron du Roure,
Grisac, Bellegarde etc.)

XI.

LOUIS XIII. — (1er juillet 1611.)

Louis par la grace de Dieu roy de France et de Na-
varre, a tous presens et avenir, salut. Reçu avons

5

l'humble suplication de nos ames *Jean de Thubieres Grimoard,* sieur et baron de Verfeuil tant pour luy que pour les autres seigneurs de ladite terre et baronnie ayant de luy droit et cause soit a titre d'achap ou infeodation et les manans et habitants de ladite Baronnie et mandement, annexes et dependances dicelle, contenant que nos predecesseurs rois leur auroient donné et concedé plusieurs beaux privileges, franchises, libertés, immunités, exemptions de toutes tailles, impositions et subsides a plein declarés en leurs pattentes qui leur auraient été continuées, aprouvées et confirmées meme par le feu roi Henri dernier decedé notre honoré S^r et pere et dont les dits supliants ont toujours joui et usé desdits privileges, libertés, immunites et franchises comme font encore a present ; nous requerant et supliant tres humblement leur octroyer les lettres de confirmation a ce quils ne puissent être troublés en la jouissance diceux. A cette cause désirant subvenir aux supliants en cet endroit et les conserver et maintenir en memes graces, faveurs, libertés, exemptions et franchises dont nos predecesseurs ont usé envers eux; savoir faisons que de l'avis de notre conseil et de notre grace specialle, pleine puissance et authorité royalle, auxdits exposants avons continué approuvé et confirmé, continuons, ratiffions et confirmons par ces presentes, tous et chacun les privileges, franchises, libertés, exemptions, immunités de toutes taillès, impositions et subsides qui leur ont été comme dit a été concedés continués et confirmés par nos ditz predecesseurs rois pour en jouir et user par eux, leurs successeurs ayant cause dudit de Thubieres Grimoard sieur et baron dudit Verfeuil et habitants delad. baronnie, mandement

d'icelle, les annexes et dépendances, pleinement, paisiblement et perpetuellement en la meme forme, maniere
et tout ainsy quils en ont bien et duement joui,
jouissent et usent encore de present, sans que pour ce,
leur puisse etre donné aucun trouble ou empechement.
Si donnons en mandement a nos ames et feaux nos
gens tenant notre cour de parlement de Toulouse,
cour des Aydes a Montpellier, Senechal de Beaucaire
et Nismes ou son lieutenant et autres nos justiciers et
officiers et sujets, que de notre presente grace, continuation et confirmation ils fassent, souffrent et laissent
lesdits de Thubieres Grimoard sieur de Verfeuil, ses
successeurs ou ayant de luy cause et habitants de ladite
terre, mandement dudit Verfeuil, ses annexes et dependances, jouir, user pleinement et paisiblement sans leur
faire, ni souffrir leur etre mis ou donné aucun trouble
ou empechement au contraire, lequel si fait etait,
hottent et mettent ou fassent mettre incontinent et
sans delay au premier etat et deus, car tel est notre
plaisir ; et affin que ce soit chose ferme et stable a
toujours nous avons fait mettre notre scel a ces presentes; sauf en autres choses notre droit et l'autruy en
toutes. Donné a Paris le premier jour de juillet, l'an de
grace mil six cens onze, et de notre regne le deuxieme.
Et sur le replis est écrit, visa : Contentor de Vertum.
Par le roy : de Hamery, signé, et scellées du grand sceau
de cire verte sur lacs de soye rouge et verte.

Ces presentes avec les privilèges confirmés par
icelles ont été registrées ez registres de la cour des
Aydes de Montpellier, ouï et presentant le procureur
general du Roy en icelle, pour par les impetrants jouir
de leffet et contenu aux dittes lettres et privileges,

suivant leur forme et teneur, conformement a l'arret donné par ladite cour ce jourdhui, 28 jour de may mil six cens douze.

Collationné par nous conseiller secretaire du Roy maison couronne de France en la chancellerie près la cour des comptes aydes et finances de Montpellier. Signé : Martin.

V

DÉNOMBREMENT DES FEUX COMPRIS DANS LES TERRES DE LA FAMILLE DE GRIMOARD.

(13—18 juin 1373.)

In. nomine dn̄i. Amen. Anno ab incarnatione ejusdem Mᵒ. CCCᵒ. LXXIIIᵒ. et die ultima mensis Madii, dn̄o
Carolo dei gratia rege Francorum regnante, noverint
universi et singuli quod apud Nemausum, (ad) thesau-
rariam regiam dicti loci, presentatis litteris patentibus
et executoriis litterarum regiarum ven. viro mag.
Fratrio Briens., jurisperito, judici regio Marojolis,
commissario ad infrascripta deputato... concessis a
magnifico et potenti viro Amedeo de Baucio, milite, dn̄o
de Cammb?, Senescallo Bellicadri et Nemausi, ex parte
nobilis viri *Raymundi de Monte alto dn̄i de Grisaco
et de Viridifolio,* quarum quidem litterarum tenor
talis est.

Amedeus de Baucio, miles, Senescallus Bellicadri et
Nemausi, thesaurario regio dicte Senescallie, bailivo et
judici Gaballitani, bajulo et judici regis de Marojolis,
vel locatenentibus eorumdem, Salutem. Litteras regias
magno sigillo regio de cera viridi impendenti sigillatas,
nos excepisse noveritis, in prima figura, sub hiis
verbis : Carolus dei gratia... *(voir les lettres de
Charles V ci-dessus n. II.)* Eapropter vobis et vestrum
cuilibet, ad domini de Grisaco instantiam et requisi-
tionem, tenore presentium, precipimus et mandamus
quatenus contra gratiam hujusmodi, seu contenta in
eadem, minime veniatis, seu venire per quemcumque

permittatís, sub penis quas erga dñm nostrum Regem
et nos quoquomodo incurrere possetis. Mandantes
vobis dictis baillivis Gaballitani et de Marojolis, et tenore
presentium committentes, quatenus predicta omnia
et singula in predictis litteris contenta observetis, et
faciatis inviolabiliter observari cum effectu. Necnon
attendentes ad loca de Grisaco, et alia loca de quibus
pro parte dñi de Grisaco fueritis requisiti, de numero
focorum supradictorum, usque ad ducentos, vos dili-
genter informetis, et facta informatione per vos de
eisdem, homines focorum ipsorum et personas, dictis
gratiis et privilegiis libere gaudere faciatis et permit-
tatis ; et si quid in contrarium per quoscumque ser-
vientes, seu commissarios, factum fuerit, id revocetis
et ad statum pristinum et debitum reducatis, seu
reduci faciatis, sine curta, indilate, que omnia nos
etiam per presentes revocamus. Datum apud Villam
novam, prope Avinionem, sub nostro proprio sigillo,
in absentia sigilli dicte senescallie, XXIIIᵃ. die mensis
Aprilis, anno domini Mᵒ. CCCᵒ. LXVIIᵒ.

Ipsis quoque litteris tam regiis quam executoriis sic
presentatis prefatis dñis commissariis, judici, thesaurario, et procuratori regiis, supplicatum extitit per
nobilem Guillermum de Malobosco, procuratorem dicti
dñi de Grisaco... quatenus... velint procedere de plano
et summarie ad verificationem, informationem et decla-
rationem faciendas de et super numero focorum ducentorum in dictis litteris regiis concessorum terre dicti
dñi de Grisaco... Et dictus dñs judex commissarius...
una cum dictis thesaurario et procuratore regiis...
obtulit se paratum ad contenta in dictis litteris regiis
viriliter procedere... et nihilominus ad cautelam in loco

tle Apostolico, sito in terris dicti dni de Grisaco, diem
lune proximam post instans festum Pentecostes cum
aliis diebus subsequentibus... assignavit ad proceden-
dum, etc.

Ad quam diem et locum de Apostolico , assignatos
per dictum dnm judicem commissarium , que fuit
decima tertia Junii, venit et loco ipsius representavit
discretus vir Joannes de Bardis clericus, etc. Compa-
ruerunt etiam, etc. Comparuit etiam.... idem Guillermus de Malobosco, procurator prefati dni de Grisaco,
petens , supplicans et requirens, contenta in dictis
litteris regiis perfici et compleri, et numerum focorum
declarari, dicens ad hoc specialiter et expresse se citari
fecisse, seu adjornari, nonnullas personas locorum et
parochiarum infrascriptarum, pro verificatione et de-
claratione hujusmodi focorum fienda sine fraude...
Quos citatos... produxit (et) in testes nominavit ; qui
jurati ad sancta dei evangelia ferre testimonium ve-
ritatis super numero focorum terre proprie dicti dni
de Grisaco, deposuerunt ut sequitur super memoriali
avisamento, seu cedula redacta per dictum procuratorem, cujus tenor talis est :

In terra dni de Grisaco est numerus hominum, tam
in castris quam et locis et parochiis infrascriptis, ejus
propriis, qui sequitur, datus per ejus procuratorem.

Primo in mandamento castri sui de Viridifolio, ubi
homines dicti mandamenti, prefati dni de Grisaco, se
extendunt ad parochias subsequentes :

Primo in parochia beate Marie de Chaussio, ubi sunt
foci reparati viginti tres, pertinent ipsi dno de Grisaco
de illis viginti unum. — In parochia beate Marie de
Castanhyolis, ubi (foci) reparati quadraginta unum,

pertinent dicto dño de Grisaco septem foci. — In parochia S. Mauricii de Ventolono , ubi reparati foci duodecim , de quibus pertinent ipsi dño tres foci. — In parochia de Genolhaco, ubi reparati foci undecim, pertinent dño predicto tres foci. — In parochia S. Cecilie d'Andorge, ubi sunt reparati foci quindecim, pertinent ipsi dño septem foci. — In parochia S. Juliani de Punctis, decem foci reparati, pertinentes ipsi dño duo foci. — In parochia S. Joannis de Cambone, triginta quinque foci reparati, pertinent dño ipsi septem foci. — In parochia S. Michaelis de Desis, reparati foci decem et octo, predicto dño pertinent tres foci. — In parochia S. Andeoli de Clerico mortuo, quinque foci reparati, pertinent dicto dño quatuor foci. — In parochia S. Fredaldi de Ventolono , tresdecim foci reparati, pertinent ipsi dño tam pro Bellagarda quam pro Viridifolio, septem foci. — In parochia S. Privati de Fregeriis, triginta foci reparati, pertinent ipsi dño tres foci. — In parochia S. Privati de Vallelantica, in qua sunt Bellagarda et Randon, ubi reparati foci viginti duo , pertinent dicto dño viginti (unus) foci. — In parochia S. Andree de Lanciza, in qua est certa pars mandamenti Bellegarde, ubi viginti foci reparati, perinent dño predicto quinque foci. — In parochia S. Petri de Cassanhacio, ubi decem reparati foci, pertinent dicto dño tres foci. — In parochia de Grisaco et de Frechineto, ubi triginta foci reparati, pertinent dicto dño septem foci. — In parochia de Bedoesco, tresdecim foci reparati, pertinent ipsi dño sex foci. — In parochia de Alenco, sexaginta foci reparati, habet ibi dictus dñs sex focos. — In parochia de Bellovisu , quinquaginta foci reparati, habet ibi dictus dñs de Grisaco quatuor focos.

Sequuntur testes et homines existentes *infra paro-chiam de Chaussio*, mandamenti de Viridifolio. In manso de Tanhaco d̃ni de Grisaco, Senescallie Belli-cadri, primo Joannes de Tanhaco... homolegius d̃ni Bernardi Peleti, d̃ni de Alesto... qui dixit et deposuit quod dicta parochia extitit reparata ad numerum viginti trium focorum... quorum... nomina sunt hec : primo Huguetus Egidii, Bernardus Audigerii, Guiller-mus Arnaudi, Joannes Briani, Estephanus Giraldi, Joannes Plantier, Guillermus de Cormareto, Guil-lermus Legal, Petrus Palmeri alias Altaraco, Joannes Gili, Durantus de Manso, Petrus de Comba, Petrus Benedicti, Joannes Matthei, Joannes de Vineys, Bernardus de Campo, Astorgius de Podio, Joannes de Podio, Petrus Levis, Joannes de Tanhaco, Jaco-bus de Tanhaco. Quorum reparatorum hominum in hujusmodi parochia, viginti unus pertinent domino de Grisaco, et sunt et habitant infra ejus jurisdictionem omnimodam, altam et bassam, merum et mixtum imperium, et sibi justiciabiles immediate existunt, ratione dicti castri sui de Viridifolio; duo vero... pertinent immediate d̃no de Alesto ; etc.

Sequitur *parochia de Genolhaco*. Sunt in dicta pa-rochia reparati habitantes sub ea, et reducti ad nume-rum undecim focorum, de quibus est veraciter sciendum quod pertinent dicto d̃no de Grisaco tres foci, qui habitant in mandamento castri sui de Viridifolio, sub alta et bassa jurisdictione sua, mero et mixto imperio, vid. Petrus de Recluso, alias de Apostoli, Poncius Jubini, Saura de Rastello ; et ulterius ad sciendam puram veritatem... testes subsequentes : Petrus Flan-dini, Vitalis Nogareti, Raymundus de Chanus, homines ẽpi Uticensis et vicecomitis Podomnatii de Genolhaco, testes recepti et jurati, etc.

Sequitur *parochia Sancte Cecilie de Andorgia*... in qua quidem parochia reperitur... reparationem factam fuisse focorum et reductos ad numerum quindecim , de quibus... pertinere noscuntur et sunt dicti dñi de Grisaco, et sibi de alto et basso justiciabiles...septem foci ratione castri sui de Viridifolio, vid. Petrus de manso Superactio , Joannes Chaponis , Raymundus Rodilli, Petrus Dablalsau, Raymundus Rodilli presbyteri, Raymundus Arnaldi, Durandus de la Verneda. Deinde ad clarificandum predicta esse vera... testes infrascripti... Petrus Sostella, Vitalis Aurioli, homines dñi comitis Bellifortis, qui jurati ad sancta Dei evangelia, etc.

Sequitur de *parochia S. Juliani de Punetis,* de terra propria dicti dñi de [Grisaco], que quidem reparata extitit dudum et reducta ad numerum decem focorum... de quibus decem focis reparatis reperiuntur pertinere dicto dño de Grisaco duo, que sub alta jurisdictione et bassa, meroque et mixto imperio ipsius dñi de Grisaco existunt, et sibi sunt justiciabiles immediate ; et ad verificandum... testes subsequentes... Joannes Ozili, Petrus del Jaussel, homines comitis Bellifortis.... Interrogati qui sunt illi duo de terra dicti dñi de Grisaco, dixerunt quod hii qui sequuntur : Petrus Manhani, Stephanus Boqueti, de manso de Pontis et de campo exhuerio, etc.

Sequitur de *parochia S. Mauricii de Ventolo,* in qua sunt duodecim foci reparati, de quibus... pertinent dño de Grisaco et sunt de propria jurisdictione alta et bassa ipsius tres foci, ratione castri sui predicti de Viridifolio,

vid. Bernardus Bressi, Guillermus Girardi, Joannes
de Beluga ; et ad hoc verificandum producti, recepti,
et jurati extiterunt in testes, scilicet Bartholomeus
Gazais, Petrus de Costaplana, Guillermus Ruffi, homines d̄n̄i comitis Bellifortis, qui, etc.

Sequitur de *parochia de Castanholz,* in qua sunt
quadraginta unus foci reparati, de quibus... pertinent
d̄n̄o de Grisaco, et sunt de propria jurisdictione alta et
bassa ipsius septem foci, ratione mandamenti castri de
Viridifolio, (scilicet) Joannes Donzel, Joannes Juliani,
Joannes Besset alias del Puech, Estephanus de Vilareto,
Estephanus Dolson, Guillermus Girardi, Raymundus
de Courieres; et ad hoc verificandum, producti... testes
qui sequuntur: Joannes Raolz, Joannes Arnaudi,
Petrus Fa, (de) Castanholio, homines d̄n̄i comitis Bellifortis, qui, etc.

Sequitur de *parochia S. Fredaldi de Ventholone,*
ubi sunt et reperiuntur foci reparati tresdecim... in quibus... reperti sunt septem foci seu homines, habitantes
in dicta parochia, pertinentes de terra propria dicti d̄n̄i
de Grisaco,... ratione castri sui Bellegarde..., quorum
nomina sunt hec, vid. Joannes Virgilii, Petrus Matthei,
Estephanus Bastida, Petrus Boche, Bertrandus Bour-
gne, Guillermus de Serro, Joannes de Sperellis alias
Cerasse. Super quibus fuerunt recepti... in testes,
Petrus Albergati, Petrus Ponge, Bermundus de Sperellis, Joannes de Quercore alias Merulus, terre d̄n̄i
comitis Bellifortis,... qui juraverunt, etc.

Sequitur *parochia S. Andeoli de Clerico mortuo,*
mandamenti castri de Viridifolio, in qua sunt foci reparati quinque, de quibus sunt d̄n̄i de Grisaco et terre
proprie ipsius quatuor, vid. Joannes Feriani, Joannes

Radulphi, Jacobus Radulphi, Petrus Radulphi. Super quibus fuerunt recepti, producti, et jurati, testes subsequentes : Joannes Capitis duri, Guillermus Giraudi, Guillermus Crespini, homines domini de Monteclaro, qui jurati, etc.

Sequitur de *parochia de Bellagarda et de Randone,* que sunt dñi de Grisaco quantum ad homines inferius nominatos, qui dicuntur esse de *parochia S. Privati de Vallelantica,* ubi foci numero moderno reparati viginti duo, de quibus... sunt de terra propria dicti dñi de Grisaco viginti unus foci... quorum nomina sunt hec : Guillermus Savi de Raberio, Joannes de Frabua, Raymundus Corbier, Guillermus Matthey, Bernardus de Solerio, Guillermus Savi de Marveillaco, Joannes Chausallii, Gaucelinus de Malolitigio, Bernardus de Fabrica, Estephanus Michaelis, Estephanus Blancheroni, Joannes Margoti, Petrus de Bellovisu, Petrus Filioli, Estephanus Buticule, Joannes de Solerio, Bernardus de Faissis; et ad probandum et verificandum... testes infrascripti : Petrus de Maurilhaco, domicellus, Joannes Gaza, Bertrandus de Valle, homines et subditi dñi comitis Bellifortis, etc.

Sequitur de *parochia de Bedoesco,* in qua sunt foci reparati numero tresdecim, de quibus... pertinent ad partem dñi de Grisaco et sunt de ejus terra propria, scilicet sex, quorum nomina sunt hec : Joannes de Salegiis, Joannes Pagesii, Petrus Molini, Estephanus Texerii, Guillermus de Turre, Petrus Giraldi de Balma; et ad hoc verificandum recepti fuerunt in testes Bernardus Bolati, Petrus Romegonis, Joannes Bellugue, qui jurati ad sancta dei evangelia dicere veritatem, etc.

Sequitur de *parochia S. Privati de Frogeriis,* ubi

sunt triginta foci reparati numero moderno, de quibus...
reperiuntur tres homines pertinere predicto d̄n̄o de
Grisaco, et de ejus terra propria, sine fraude, quorum
trium hominum nomina sunt hec : Guillermus de Vil-
lanova, Joannes Charaterii, Joannes Valentini ; et ad
verificandum premissa esse vera fuerunt citati (et)
recepti testes subsequentes, scilicet : Joannes Duran-
tonis, Jacobus de Saygarolis, homines Guillermi Me-
ralgi, preceptoris de Gado francisco, qui jurati, etc.

Sequitur de *parochia S. Andree de Lancize,* ubi se
extendit certa pars mandamenti Bellegarde, dicti d̄n̄ī
de Grisaco ; reparati foci in dicta parochia reperiuntur
numero viginti, de quibus pertinent dicto d̄n̄o de
Grisaco, et sunt ipsius proprie jurisdictionis, sine
fraude, quinque, quorum nomina sunt hec, vid. Petrus
Corregerii, Petrus Santeti, Guillermus Texeris, Joannes
de Valhiris, Bernardus de manso de Valcoveyrio ; et ad
verificandum... fuerunt recepti... testes subsequentes,
citati, Petrus Peleti, Petrus de Plano, dicte parochie,
homines nobilis Joannis de Cadoena, et Guillermi de
Montmoinis ? testes citati, etc.

Sequitur de *parochia S. Michaelis de Dezis,* in
qua sunt foci reparati moderno tempore decem et octo,
de quibus... habet dictus d̄n̄s de Grisaco tres focos,
homines sibi proprios, et in terra sua propria commo-
rantes et domicilia facientes..., quorum... nomina sunt
hec : Joannes de Podio, Joannes Gauzi, Petrus Gau-
terii; et ad verificandum dictum numerum... recepti
sunt in testes hii qui sequuntur : Guillermus Lenha,
Estephanus Carcerio, Joannes de Bastida, homines d̄n̄ī
comitis Bellifortis, etc.

Sequitur de *parochia S. Joannis de Cambono,* in

qua sunt triginta quinque foci reparati moderno tempore, de quibus... pertinent predicto dño de Grisaco septem foci reparati, sibi proprii... quorum nomina sunt hec : Petrus Verdalhani, Poncius Coste, Joannes Capitis duri, Bernardus de Cruce, Firminus del Perier, Guillermus Privati, mansi de Bastida, Joannes de Foraminibus ; et ad clarificandum dictum numerum sive reparationem,... recepti fuerunt in testes... Raymundus Pagesii, Estephanus Pagesii, homines Bernardi de Cadoene, et capituli ecclesie Mimatensis, etc. Interrogati si quinque de dictis septem hominibus, sive focis, sunt et esse consueverunt de jurisdictione et mandamento castri de Viridifolio , interrogati quod sunt hospitia, Petrus Verdelhani de Codolis , Poncius la Costa, Firminus de Clerico mortuo, Joannes Capitis duri, Bernardus de Cruce, et etiam dixerunt quod sic, absque eo quod sint nec esse consueverint de terra dñi comitis Bellifortis, etc.

Sequitur de *parochia de Cassanhacio* , ubi sunt decem foci reparati, de quibus sunt et pertinent dño de Grisaeo, et sunt de terra ejus propria, sine fraude, tres foci, quorum nomina sunt hec : Joannes Pelati, Joannes de la Fara, Raymundus Simonis ; et ad clarificandum,... testes qui sequuntur , vid. Estephanus Bisi , Joannes de Palma , homines dñi Bellifortis , qui etc.

Sequitur de *parochia de Alenco,* ubi sunt foci reparati numero sexaginta, in quibus... habet dñs de Grisaco sex homines, sive focos, qui sunt de terra sua propria, et sibi justiciabiles, quorum nomina sunt hec : Guillermus Passabosc, Guillermus Consegalli, Petrus de Manso, Petrus Savanturi, Petrus Rochette, Joannes

Ebrardi ; et ad clarificandum... testes subsequentes :
Petrus Yterii, Raymundus Mutonis, qui jurati, etc.

Sequitur de *parochia de Bellovisu,* ubi sunt foci
reparati quinquaginta , in quibus reperitur idem dn̄s
de Grisaco habere quatuor homines in dicta parochia
habitantes... in manso de Grasso Villari , quorum
nomina sunt hec : Raymundus Mutonis, Bartholomeus
Boissonis, Petrus Noveti, Joannes Bellini; super quibus
fuerunt examinati... testes subsequentes, vid. preno-
minati Petrus Yterii et Raymundus Mutonis , qui
jurati, etc.

Sequitur de *parochia de Grisaco et de Frechineto
de Lozere,* ubi sunt foci reparati triginta, in quibus
clare reperitur quod dictus dn̄s de Grisaco habet septem
proprios homines in terra et jurisdictione sua habitantes, vid. Petrus Romego, Petrus de Roveria, Bernardus Bolati , Estephanus Audiberti , Guillermus
Bolugue, Joannes Mamini, Joannes Radulphi ; et ad
probandum..., testes sequentes : Bernardus Ayraudi,
Joannes Bodeti, homines dn̄i de Floriaco, testes producti et jurati super predictis , dixerunt suo jura-
mento, etc.

Summa universalis omnium hominum repertorum
domini de Grisaco in dictis locis et parochiis habitantium, *Centum decem et novem.*

Post que anno quo supra, et die decima octava mensis
Junii, his peractis, dictus nobilis Guillermus de Malobosco, procuratorio nomine quo supra, existens in
loco de Apostolico, coram dicto dn̄o locumtenente...
supplicavit... quatenus testes hujusmodi receptos... et
presentem processum super eis habitum, velit publi-
cari... et in formam publicam redigi..., retento illesoque

remanente dicto dño de Grisaco, magistro suo, majore numero juxta gratiam regis sibi factam de ducentis focis, adjungendo... dum et quando futuro tempore, in terra sua, castris, sive locis, augmentabuntur, sive poterunt reperiri... Et dictus dominus locumtenens dicti dñi judicis et commissarii, etc.

Acta fuerunt hec in dicto loco de Apostolico, testibus presentibus... et magistro Roberto Carnotensi, notario regio, etc.

(Bibl. de la ville d'Aix. Ms. n° 916.)

Mende, impr. de C. PRIVAT, successeur de J.-J.-M. et E. IGNON.

www.ingramcontent.com/pod-product-compliance
Lightning Source LLC
Chambersburg PA
CBHW052156090426

42741CB00010B/2289